六性工作法
教你这样管企业

——国有企业党建生产融合实践

周涛 著

Six-dimensional Working Method
Teaches You How to Manage the Enterprise

——Practice of Party Building and
Production Integration in State-owned Enterprises

WUHAN UNIVERSITY PRESS
武汉大学出版社

图书在版编目(CIP)数据

六性工作法教你这样管企业:国有企业党建生产融合实践/周涛著.—武汉:武汉大学出版社,2023.6
ISBN 978-7-307-23782-7

Ⅰ.六… Ⅱ.周… Ⅲ.①中国共产党—国有企业—党的建设—研究 ②国有企业—企业经营管理—研究—中国 Ⅳ.①D267.1 ②F276.1

中国国家版本馆 CIP 数据核字(2023)第 105083 号

责任编辑:詹 蜜　　　责任校对:李孟潇　　　版式设计:马 佳

出版发行:**武汉大学出版社**　(430072　武昌　珞珈山)
(电子邮箱:cbs22@ whu.edu.cn　网址:www.wdp.com.cn)
印刷:武汉中远印务有限公司
开本:720×1000　1/16　印张:11　字数:179 千字　插页:1
版次:2023 年 6 月第 1 版　　2023 年 6 月第 1 次印刷
ISBN 978-7-307-23782-7　　定价:36.00 元

目　　录

绪　　论

自中国共产党成立以来，逐步建立起了具有中国特色的社会主义国有企业治理制度，在国有企业的发展中党的领导制度也随着时代特点发生着制度变迁，从新民主主义革命时期的"三人团"制度、"工厂管理一元化"制度和"工厂管理委员会"制度，到社会主义革命和建设时期的"一长制"（即厂长负责制）、党委领导制、"两参一改三结合"和党委领导下的厂长负责制，再到改革开放和社会主义现代化建设新时期厂长（经理）负责制、现代企业制度，最后变为中国特色现代企业制度，社会主义新时代"领导核心、政治核心"双核心地位，党对国有企业的全面领导越发深入。

国有企业是中国特色社会主义的重要物质基础和政治基础，是中国特色社会主义经济的"顶梁柱"。国有企业本身是带有多种属性的，包括经济、政治和社会属性。推进国有企业党建工作与生产融合，能够发挥党的政治、组织和思想优势，从而促进国企更好地发展。一方面是党建的有效性需要紧密联系企业生产发展需求。推进国有企业党建工作与生产经营深度融合，会促进企业效益提高和企业经济发展，这样才能够确保党建工作的有效开展，推动党的工作目标更好地实现。另一方面是国有企业生产的发展离不开党建提供的有力支撑。推动党的建设与生产经营深度融合，把党建工作成效转化为企业发展动能，使国有企业充分发挥独特优势，建设成为国内领先、世界一流的企业，实现做强做优做大的有效措施。

目前部分国有企业党建中仍然存在对党建工作的重视性不足、党的作风建设仍需加强及党建工作创新思维欠缺等问题。进入新时代后，国有企业随着时代的进步不断进行深化改革，在党建工作方面作出了重要批示，可见国家和党一直高度重视党建工作，从会议到政策或者法律，国有企业长期以来存在的党建上的

"宽""松""软"问题得到一定改观。部分国有企业党建工作与生产经营深度融合取得了一定成绩，但国企党建工作与生产经营"两张皮"现象并未得到根本解决。

为此，从百年党史中我们总结出了一种能够将"软实力"转化为"硬支撑"、把"两张皮"拧成"一股绳"以推动国有企业党建生产经营融合的管理办法——"六性工作法"，即依从性、针对性、实效性、关联性、主动性和辩证性。依从性是六性工作法的第一性，落实到国有企业管理中有两方面含义，一是要坚持党的领导，让讲政治成为自觉，提升政治能力；二是在具体工作中，从上到下都要讲依据，做到将上级要求层层落实。针对性是六性工作法的第二性，落实到国有企业管理中是指要结合实际，通过强化"目标、问题、结果"导向意识切实提升干部员工的专业能力，以期在工作中迅速辨识锁定工作重点，锻炼干部员工"要事第一"的思维模式，同步结合专精特新，多出成果特别是高水平高层次高质量的成果。实效性是六性工作法的第三性，落实到国有企业管理中是指在实际工作中必须坚持"实"字为先、"干"字为要、"效"字为重，坚持一切从实际出发，明确具体的工作成果，强化责任意识；实事求是地将每一件事情做到位、做彻底，以实干求实效，不折不扣地强化执行能力；根据要求保证工作成果的标准和效果，确保目标导向、结果导向相统一。关联性是六性工作法的第四性，落实到国有企业管理中是指做任何一件工作时要先从整体、全局的角度思考，将新的工作与其他工作联系起来，系统地看待每一项工作，将关联的资源整合起来，提升工作效率加大工作价值，实现"1+1>2"。主动性是六性工作法的第五性，落实到国有企业管理中是指全体员工要树立先做先行的工作态度，面对"硬骨头"不畏难，提倡先做起来、边干边想，主动研判辨识，用主动性解决日常工作中遇到的问题，用主动性将工作想在前面、做在前面，把握机遇、勇于担当。辩证性是六性工作法的第六性，落实到国有企业管理中是指要提升思维能力，克服极端化、片面化，主动提高站位，跳出"自我"思维的局限，更加全面客观地看待、处理问题，这一性是贯穿于整个运用前五性的过程中的，是一种方法论。

与其他方法论相比，六性工作法具有的优越性主要体现在三个方面：一是源自百年党史，从历史中汲取智慧。"六性"均根植于马克思主义哲学，其中蕴含坚持党的领导、抓住主要矛盾和矛盾的主要方面、解放思想实事求是、用发展的眼光看问题、整体与部分相互联系相互作用、发挥主观能动性等思想都经过了党的百年奋斗历程检验，是党的智慧的结晶。二是扎根日常工作，从实践中提炼经验。笔者从多年工作实践中探究出"六性工作法"，"六性工作法"天然具有"从实践中来"的优点，因此可以很好地用于指导实践。"六性工作法"不仅总体策划和顶层设计，还强调落地落实、细节把握和评估考核；三是服务党员干部，帮助党员干部从思想上转变观念。六性工作法可以做到用"六性"提升"六力"，即用依从性提升政治能力，用针对性提升业务能力，用实效性提升管理能力，用关联性提升整合能力，用主动性提升承压能力，用辩证性提高思维能力。运用六性工作法能够推动形成从上到下讲政治的良好风气，切实将党的领导融入国有企业生产经营的各个环节。

　　在本书的第四章至第六章，笔者通过国有企业管理的各个方面结合六性工作法的要求进行了详细介绍。第四章主要讲了六性工作法如何提高国有企业的管理效率，包括管理机制与服务职能、反腐廉洁与作风建设、团队提升与人才培养、深化改革与科技创新。第五章主要讲了六性工作法与全面质量管理的融合，先是介绍了全面质量管理的理论，又举了一个实际案例和自评案例。第六章主要讲了六性工作法与国企风险管控的融合，详细介绍了如何建设本质型安全企业。

第一章 国有企业党的领导制度建设百年探索

第一节 新民主主义革命时期（1921—1949 年）

自 1921 年 7 月 23 日中国共产党在上海成立后，逐步建立起具有中国特色的社会主义国有企业治理制度。中华苏维埃共和国政府对国有企业的管理创立了"三大民主"原则，即政治民主、经济民主和技术民主，其中，"政治民主"主要体现在作为企业的主人，职工有权派出代表参加企业的领导和管理工作；"经济民主"主要体现在对那些与职工切身利益相关的工资、待遇、福利等事项，职工有决定权；"技术民主"主要体现在职工有对生产计划的实施、产品质量和技术改造等事项进行讨论并提出批评意见和建议的权利。在新民主主义革命时期党对国有企业的领导主要体现在"三人团"制度、"工厂管理一元化"制度和"工厂管理委员会"制度中。

一、"三人团"制度

为贯彻落实"三大民主"原则和保障职工参与管理的权利，中国共产党在所辖国有企业的管理上设计创立了"三人团"制度。① 1934 年 3 月 31 日，刘少奇同志在《论国家工厂的管理》一文中指出苏维埃形式的新式工业已经开始发展起来，但是部分军事工厂的管理出现了浪费、无法按时完成生产计划的现象，主要是因为"在国家工厂中，我们还没有建立真正的工厂制度，没有科学地去组织生产"，为此，他认为"必须把工厂中的完全的个人负责制建立起来。厂长对于全厂的生产与行政，负有绝对的责任，因此他有权力来决定和支配全厂的一切问

---

① 中共中央文献研究室刘少奇研究组. 刘少奇［M］. 四川：四川人民出版社，2009.

题。在不违反劳动法的范围内，关于工资、工作时间、生产数量以及调动、处分和开除工人职员等，厂长是有完全的权力决定与执行的。但厂长在决定各种问题时，必须事先与党的支部书记和工会的主任商量，尽可能取得他们的同意，配合党与工会的系统来一致执行。但党的支书与工会主任不同意时，厂长有最后决定执行的权力（有政委时一定要得到政委同意），并同时提到上级机关来讨论。我们现在要用这种'三人团'的方式来管理我们的工厂"。1934 年 4 月 10 日，中华苏维埃共和国人民委员会正式颁发了《苏维埃国有工厂管理条例》，规定"在厂长之下，设立工厂管理委员会，由厂长、党支部代表、工会代表、团支部代表、工厂其他负责人、工厂代表等五人至七人组织之，开会时以厂长为当然主席，以解决厂内的重大问题，管理委员会内组织'三人团'，由厂长、党支部代表及工会支部代表组成以协同处理厂内的日常问题"。同日，中共中央政治局也颁发了《苏维埃国家工厂支部工作条例》，明确规定了中国共产党在国家工厂中的领导作用，苏维埃国家工厂中的党支部"基本任务是团结工人组织工人，提高工人群众的觉悟实现每人的生产计划"，并规定"有政委的工厂，政委参加'三人团'会议，政委具有最后决定的权力"。至此，"三人团"制度基本形成。

"三人团"制度是由厂长、党的支部书记和工会委员会共同商量决定国有企业中的各种问题的制度，包括讨论生产计划、加强劳动纪律，以及处理工厂生产中的一些日常问题。"三人团"制度的工作程序是：由厂长召开"三人团"会议，如果会议出现分歧，由厂长作出最后决定；如果支部或工会不同意厂长的最后决定，仍须执行厂长的意见，但是支部或工会可将意见提交上级机关进行解决；在设有政委的工厂，政委参加"三人团"会议，政委拥有最后决定的权力；"三人团"决定问题，党支部、工会及行政都应当在各自的工作系统立即执行。"三人团"制度是党对国有企业进行领导的最初制度探索，但需要注意的是，"三人团"并不是行政组织而是一种企业领导机制，根据《中央职工运动委员会对陕甘宁边区公营工厂职工工作的指示》可知"三人团"的性质和职权只是"为了协调工人与工厂的关系，推动职工执行生产计划"。

"三人团"制度体现了党政工组织的有机结合，有助于实现党对企业生产与群众工作的全方位领导，奠定了党在国有企业中领导制度的理论和实践的坚实基础，具有现代企业制度的文化内涵。但"三人团"制度强调以厂长为主要责任者，这种在民主基础上的高度集权会导致一定问题，主要表现为厂长可能架空工会与党组织，造成党的权力无法在企业中有效实现。

二、"工厂管理一元化"制度

抗日战争后期，由于根据地扩大，工厂数量增多、规模扩大，经营管理也比过去复杂，"三人团"领导体制中意见不一统一的弊端开始暴露，出现了所谓"三位三体""独立主义""一位一体"等问题。1942年12月，中共中央西北局召开了陕甘宁边区高级干部会议，毛泽东同志在会议上作了《经济问题与财政问题》的报告，指出："一个工厂内，行政工作、党支部工作与职工会工作，必须统一于共同目标之下，这个共同目标，就是以尽可能节省的成本（原料、工具及其他开支），制造尽可能多与尽可能好的产品，并在尽可能快与尽可能有利的条件下推销出去。这个成本少、产品好、推销快的任务是行政、支部、工会三方面三位一体的共同任务，各顾各地把三方面工作分裂起来的做法，是完全错误的。三方面要组织统一的委员会，首先使行政人员、行政工作、生产计划走上正轨，而党与工会的任务就是保障生产计划的完成。"

1943年3月1日至4月21日，陕甘宁边区政府召开了由各工厂厂长、支部书记和工会主任参加的政府直属工厂会议，会议讨论了如何加强公营工厂的管理问题，也讨论了如何加强公营工厂内党的支部和职工会的工作问题。会议指出，"三人团"制度的实施使得公营工厂中产生了机关化、"供给制"等问题，为此应取消"三人团"制度，在公营厂矿企业中实行"工厂管理一元化"，实行厂长领导下的厂务会议，即"在工厂内部，厂长代表政府集中管理工厂内部的一切，凡有关生产上的一切问题，厂长均有最后决定之权；工厂内党的支部与工会工作，也必须以完成工厂的生产任务为基本的唯一的内容。一切党内的、工会内的教育与活动，只有对提高工人的劳动热忱与劳动纪律有帮助时，才有意义，一切违反这个方针的教育与活动，都是有害的，应该停止的"。

工厂会议后，中央职工运动委员会和边区总工会干部深入工厂第一线，认真贯彻这次会议所确定的工会工作方针，检查会员的生产情况和劳动纪律，组织职工讨论生产计划；向行政、党支部反映工人的生产情况和意见。"工厂管理一元化"的实施极大地推动了陕甘宁边区工业的发展，但同时出现了新的问题，主要是由于"工厂管理一元化"导致厂长权力过大，靠行政命令行事在一定程度上削弱了民主参与的权利，压抑了党支部和工会工作的积极性。为此，1944 年 5 月，陕甘宁边区政府和边区总工会召开了工厂职工代表大会，大会肯定了"一元化"管理制度实施来的工作成就，同时对"一元化"管理制度中存在的问题进行了完善，"要求公营工厂的工会，应在一元化领导之下建立自己本身独立的群众工作。一方面不要在一元化之下把职工会本身独立工作取消了，不要一切用行政命令代替了职工会的群众工作；另一方面职工会不要同工厂行政对立，或把责任都推到厂长一个人身上。职工会的工作，主要是配合厂长的领导，从下而上地去把一个工厂的生产搞好"。这使得工厂工会和行政上的关系更加明确，工会和行政的步调更趋一致，完善了"一元化"管理制度。

三、"工厂管理委员会"制度

1945 年，抗日战争取得了全面胜利，中国共产党领导的解放区人民政府接收了大量敌伪企业，解放区经济迅猛发展。为此，中共中央制定了一系列关于解放区新民主主义经济发展的政策，明确提出了公营企业管理体制改革的要求。

1946 年 5 月，中共中央发布的《关于工矿企业政策的指示（草案）》对公营工厂企业化、吸收工人参加企业管理、实行多劳多得的分配原则等问题做出了具体规定，"公营工厂实行严格的经济核算，成本会计，实行营业制，不便于营业制的也得实行定货制；公营工矿企业应当按照多劳多得的合理原则全面实行工资制，取消战时性的平均主义供给制；公营工厂的管理必须企业化，反对机关化；实行民主管理，以民主选举出来的工人代表取代工头儿，提拔懂技术的工人担任管理方面的职务，工厂管理委员会和厂务会议都应当吸收工人代表参加，继之以群众性的技术改进，实行工人自己民主管理"。

1948 年 10 月 10 日，中共中央东北局正式印发了《关于接收敌伪和蒋占企业后的改造管理与工会工作方针的决议（草案）》，指出"新民主主义企业的正常管理方式，应是以厂长为首的党与行政、工会三位一体的领导，也就是企业中的三个组织分工合作，过去某些企业有过的行政包办一切，或工会代替行政的方式都是不恰当的。为使行政与工人一体的原则在组织机构上具体地表现出来，要实行吸收工人参加生产管理的办法，建立由厂长领导的、吸收行政技术重要人员和工人代表参加的工厂管理委员会。工厂管理委员会有权讨论生产任务、厂内各种制度和规章、工人福利等事项。厂长、党支部书记和工会主任，应当是工厂管理委员会的当然委员，并组成领导核心，厂长有最后决定权"。

1949 年 9 月 21 日至 29 日，中国人民政治协商会议第一届全国委员会会议通过了具有宪法性质的《中国人民政治协商会议共同纲领》，《共同纲领》第三十二条明确规定："在国家经营的企业中，目前时期应实行工人参加生产管理的制度，即建立在厂长领导之下的工厂管理委员会"。

1950 年 2 月 6 日，《人民日报》发表了《学会管理企业》的社论，社论中指出："工厂管理委员会是企业中以厂长为首的统一领导机关，厂内一切重大问题都应提到工厂管理委员会上去讨论，真正吸收工人参加生产管理；工厂中的职工代表会议，应当与工厂管理委员会相辅而行，成为在工会领导下组织和领导群众生产运动，传达劳动者意图和吸收群众意见的组织形式；厂长或其他行政负责人应当参加职工代表会议并报告工作，听取群众的意见和批评，把群众中各种好的建议迅速地实现起来。"同年 2 月 12 日，中共中央作出了关于讨论和执行《人民日报》中《学会管理企业》社论的指示，认为社论"应成为目前管理企业，提高生产的指导方针，各地党委应指令和督促企业管理部门及各企业中的行政、党与工会组织负责同志召集共同的会议，切实检讨，根据企业情况，定出具体执行办法，并督促其切实执行。各地党委应在三月底以前将当地各公营企业的状况及执行这次指示的情形，作一总结报告中央，不得有误"。

1950 年 2 月 28 日，中央人民政府政务院财经委员会发布了《关于国营、公营工厂建立工厂管理委员会的指示》，明确表明在国营、公营工厂中"建立工厂委员会，实行工厂管理民主化"。根据这个文件指示精神，工业部和全国产业工会联合下发通知，要求：各部所属的工厂企业建立工厂管理委员会和职工代表会议制度，对接收的旧企业进行初步改革。根据指示精神，各部所属的工厂企业建立了工厂管理委员会和职工代表会议制度，对接收的旧企业进行初步改革，工厂管理委员会制度在企业中得到普遍推行。

简而言之，工厂管理委员会制度是在企业上级党组织的领导下，吸收企业一线工人参加领导工作，同时保障厂长的决策权和对工厂的管理权。工厂管理委员会制度明确了厂长是工厂的最高领导者，但是其必须在党的领导下开展工作。工厂管理委员会由厂长、副厂长、总工程师、总经济师、总会计师、党委书记、工会主席、团委书记和由全体职工大会或职工代表大会选举产生的相当于管理委员会全体成员的三分之一的职工代表组成，其主要任务是制定各种生产经营计划；设置和调整管理机构；建立、修改和废除规章制度。但是，在工厂管理委员会制度中，党的领导作用在一定程度上呈现出隐性化的特征，未就企业党组织如何领导生产工作作出明确规定。

第二节　社会主义革命和建设时期（1949—1978 年）

在前期的探索中，尝试将党的领导嵌入在国有企业生产中，但是关于党的领导作用如何具体在国有企业中发挥作用并未给出答案。新中国成立后，国有企业存在决策中心过于分散、民主革命尚未完成、官僚主义兴起、党委领导权力不明等问题，为此在不同阶段推出了"一长制"（即厂长负责制）、党委领导制、"两参一改三结合"和党委领导下的厂长负责制等。

一、"一长制"（即厂长负责制）

"工厂管理委员会"制度在实施中，遇到国营企业中党组织的挑战。由于大多数国营企业是通过没收官僚资本而来的，在接收时这些企业临时实行军代表制，主要系企业原有的管理人员虽然有专业知识和业务能力，但政治上并不完全可靠；而党和政府派去接管的新管理人员，虽然政治上没问题，但又普遍缺乏专业知识和业务能力。正因如此，国营企业在推行工厂管理委员会领导体制时，无法平衡与企业党组织之间的关系，企业党组织事实上成为当时企业的实际管理者。

"一长制"是由列宁在 1918 年提出的，在苏联国营企业中实行的一种重要的企业领导制度。按照"一长制"的规定，企业及其所辖单位只有一个领导人，这个领导人由上级委派，在国家计划和苏联法律规定的范围内，对企业的一切工作全权负责，企业的全体人员必须服从这个领导人的命令和指挥。苏联国营企业的成功经验表明"一长制"能够加强企业劳动纪律，保障党对国营企业的有效领导。

中华人民共和国成立后，选择在工作基础、干部条件较好的东北地区学习和借鉴了苏联通行的"一长制"。1951年5月，中共中央东北局颁布《关于党对国营企业领导的决议》提出："厂、矿中的生产行政工作实行厂长负责制。厂长由国家的经济机关委派，并由国家取得必要的生产资料和资金，实施对生产行政工作的专责管理。"《关于党对国营企业领导的决议》认为"国营厂、矿中实行厂长在生产行政管理工作上的责任制，是目前我党管理工业的比较适宜的制度"。

1951年12月，中共中央政策研究室召集各大区和中直机关、中央各工业部、全国总工会及产业工会的代表讨论《中共中央关于国营工厂管理的决定（草案）》，会议认为过去东北推行的厂长负责制是将来国营企业管理发展的方向，但是由于东北各地的情况各不相同，各地必须首先完成民主改革和生产改革，在有一定基础后才能实行"一长制"，在此期间，国营企业只能实行党委领导制。可见，在1953年之前国营工厂企业的管理上，各地依据基础条件不同，分别实行"一长制"和过渡形式的党委领导制。

1953年，我国转入大规模经济建设并开始执行第一个五年计划，党和政府对各级国有企业的管理力度不断加强。中央认为，在国有企业推行"一长制"的条件已经具备，计划在全国推行。1953年4月，中共中央同意了中财委《关于国营工矿企业管理问题的报告》，报告指出"厂长责任制，在今后实行计划管理与经济核算制下必须强调，以建立每一经济核算单位集中统一的领导"。

1954年4月，中共中央华北局发布了《关于在国营厂矿企业中实行厂长负责制的决定》，中共中央同意并转发了这个文件。文件认为工矿企业已经具备实行"一长制"的基础，"工矿企业中完成了民主改革，进行了生产改革，学习了社会主义管理企业的经验，建立了一些新的管理组织和制度，并培养了一批新的管理人员和技术人员，一般厂矿已由党员干部担任厂长，实行厂长负责制的条件业已具备"，而工矿企业内部多头领导、无人负责现象严重，为了消除这种现象，使生产走向正轨，树立正常的工作秩序，就必须"改变过去的国营工矿企业中所实行的党委领导下的厂长负责制，而实行厂长负责制，并逐步推行生产区域管理制"。所谓厂长负责制，就是厂长受国家委派对企业的生产行政工作进行专责管理的制度。厂长对完成国家计划，对企业经营管理和生产技术、财务工作，均负全责。实行厂长负责制，建立厂长、车间主任和工段长的"三级一长负责制"，建立生产指挥系统的单一领导关系；并相应地建立职能部门的专责制和生产工人的岗位专责制。《决定》还专门规定了实行厂长负责制以后，工矿企业党组织的任务是"对政治思想指导负有完全责任，对生产行政工作负有监督、保证的责任；对工会、共青团等群众组织则负有领导的责任。党的委员应当根据党的政策、国家法令、上级行政部门的计划和上级党委的指示，用加强党的政治思想指导的方法，以实现国家经济计划为中心来统一思想，保证党、政、工、团思想上和行动上的一致，保证厂长负责制的正确实行"。

为了研究工矿企业的领导问题，总结"一长制"的推行经验，完善企业领导制度，1955 年 4 月，中共中央书记处第三办公室邀请出席全国党代表会议的部分代表，召开了关于工矿企业领导问题的座谈会。1955 年 5 月 16 日，中央书记处第三办公室向党中央提交了《关于工矿企业的领导问题座谈会的报告》，该报告指出，到会同志形成了三种不同的意见：第一种意见是主张实行党委领导下的一长制，这种意见认为，在工厂中领导核心一定要是党组织，而不能是厂长个人。第二种意见不同意实行党委领导下的一长制，主张实行苏联式的"一长制"，即企业的生产管理工作由厂长对国家负完全责任，党组织只负监督保证的责任。第三种意见既不主张实行党委领导下的一长制，也不完全赞同第二种意见，这种意见认为，一长制和党委制是不同性质的两种制度，生产管理工作中应实行一长制，党内则是实行民主集中制，企业党组织对生产管理工作应是监督保证，而不是统一领导。1955 年 10 月中共中央批转了这个报告并指出"企业行政管理方面推行一长制中的问题，属于行政组织和制度方面的，应由各部采取具体措施确实帮助解决；属于思想方面和党、政、工、团关系方面的，主要由省市委帮助解决。企业中的党组织必须认真帮助确立和巩固企业管理方面的一长制，并教育一切工作人员严格遵守企业行政纪律和秩序。党组织必须把确立一长制作为自己的一个基本的政治任务。因为在企业中只有建立了严格的一长制，才能确立各个方面的专责制，才能确立有效的经济秩序和工作秩序，这种秩序正是办好一个企业所必需的，而无人负责则是一种最可怕的不良现象。任何企业，只要一出现无人负责的混乱现象，党组织就必须予以注视，积极帮助行政领导首先克服这种现象，绝不要容忍这种现象继续存在。同时也只有这样，党的政治工作才能正常地进行。必须指出，正常的和系统的政治工作，是社会主义企业所绝对必需的，一切行政领导同志必须十分注意并帮助党组织加强政治工作，绝不可以把党的政治领导与推行"一长制"对立起来，绝不可以使经济工作与政治工作分离开来"。从这个批示中可以看出，当时在国有企业中已经出现了"两张皮"的现象。

"一长制"能够在短期内克服国营企业工厂管理中存在的决策中心过于分散、不利于政府计划实施的问题，在中华人民共和国成立初期党领导国营企业发展、探索社会主义国营企业管理体制方面发挥了积极作用。但是，"一长制"的实施也存在一些问题，主要体现为一是有些厂长兼支部书记、车间主任兼支部书记，这样党和行政的领导由一个人担任，严重削弱了党对国营企业的思想领导和监督作用；二是"一长制"与民主管理的结合不好，命令主义有所发展。

二、党委领导制

中华人民共和国成立初期，由于国营企业缺乏又红又专的高级管理人员，且民主改革尚未完成，大部分关内地区实行的是党委领导制。

1951年5月16日，华北第一次城市工作会议决定华北地区的国有工业企业实行党委领导制，企业一切重要事项，经党委决定后，分工进行。《中共中央华北局关于华北第一次城市工作会议向中央的报告》中指出："党的一元化领导，已有长期历史经验，抗战、解放战争、土地改革皆在党的一元化领导下取得胜利，并且在集中的军队中也实行了党委制，为什么唯独工厂不能实行呢？事实上，两三年来，各地经验证明，凡是把厂矿经营管理和生产搞好的，都是实行了党委制，或虽名未实行而实际是统一于党委，或者是厂长党性强、凡事依靠党委统一了各方面力量的。经过热烈讨论，一致同意实行党委领导下厂长负责制，即以党委为核心实行统一领导。"华北局的决定得到了刘少奇的肯定，他认为"我们暂时还没有或少有既懂得经济工作和技术又懂得党与群众工作的干部来管理工厂。因此，在工厂中实行一长制是难于管好工厂的。而以党委方式来实行集体领导，则既可补足厂长的某些缺点，又可统一各方面主要是党、政、工、团的领导"。刘少奇在《关于在国营工厂中建立党委的问题给高岗的信》中写道："在工厂实行这样的党委制在目前是比较好的一种管理工厂的方式。工厂中的一长制则是要等以后的时期才能实行，目前实行，一般的是过早的。"客观地说，当时华北采取这种过渡的领导形式，对企业完成民主改革任务、团结广大职工、稳定企业的生产秩序、恢复和发展生产，起到积极作用。

1956 年初，毛泽东开始听取国务院有关部委的汇报，认真调查总结前几年工作中的经验教训，形成了以《论十大关系》为代表的中国共产党关于中国社会主义建设道路的探索成果。在这次集中调查研究中，毛泽东发现了不少苏联经济体制的弊病，同时发现苏联的"一长制"存在较多弊病，不适合中国国情。毛泽东同志在中共八大二次预备会议的讲话中表明："一直到不久以前，我们才断定'一长制'不好，集体领导和个人负责相结合的制度好。"① 1956 年 9 月，刘少奇在"中共八大"所作的政治报告中正式提出在国营企业中实行党委领导下的厂长负责制："在企业中，应当建立以党为核心的集体领导和个人负责相结合的领导制度。凡是重大的问题都应当经过集体讨论和共同决定，凡是日常的工作都应当由专人分工负责"。自此，"一长制"被党委领导下的厂长负责制所取代。

从中共八大确定企业实行党委领导下的厂长负责制后，无人负责、管理粗放、纪律松弛等问题再次暴露出来。据不完全统计，截至 1956 年底，在全国发生的罢工、罢课、示威游行等群体事件超过万起。为此，党中央出台多个文件用于加强国营企业的民主监督和民主管理。1957 年 3 月 25 日中共中央发布的《关于处理罢工、罢课问题的指示》指出："在工厂方面应当实行党委领导下的厂长负责制的同时，实行和加强党委领导下的群众监督，在企业中积极试行常任的职工代表大会制度，作为群众参加企业管理和监督行政的权力机关；除了扩大民主以外，必须加强群众中的思想政治教育。" 1957 年 4 月 10 日发出的《中共中央关于研究有关工人阶级几个问题的重要问题通知》指出："实行党的第八次大会决定的党委集体领导下的厂长负责制和群众路线的领导方法，就必须扩大企业管理工作中的民主，扩大职工群众参加企业管理的权利，发挥职工群众对企业行政的监督作用。为了使职工代表大会成为企业中真正具有一定权力的机关，通知要求：必须适当扩大企业的权力，因而就必须研究如何适当改变国家管理工业的体制；把国家的统一性和企业的相对独立性正确结合起来，以便进一步发挥职工群众的积极性、创造性和企业的主动性。"

党虽然通过建立职工代表大会加强了企业的民主监督和民主管理，但是在党

---

① 王瑞璞. 研究刘少奇党建思想加强新时期党的建设［M］. 北京：中共中央党校出版社，1999.

委领导制下如何加强企业对国家的责任，则是没有进步，反而比"一长制"退步了。在企业内，党委毕竟只是党的一级组织机构，它不是国家委任和授权的企业管理者，只对上级党委和企业党员负责，因此上级党的指示就成为其第一决策依据运行的动力，同时也受到党员群众的要求影响。

三、"两参一改三结合"

1957 年 4 月 27 日，中共中央发出《关于整风运动的指示》，认为"几年以来，在我们党内，脱离群众和脱离实际的官僚主义、宗派主义和主观主义，有了新的滋长"，并说明"在进行整风运动的同时，应该在全党提倡各级党政军有劳动力的主要领导人员以一部分时间同工人农民一起参加体力劳动的办法，并且使这个办法逐步地形成为一种永久的制度"。1957 年 5 月 10 日，中共中央又发布《关于各级领导人员参加体力劳动的指示》，中央认为："不仅县、区、乡的干部，而且县级以上的各级党委的主要领导人员、在政府和人民团体中工作的党的主要干部，包括党的中央委员在内，凡是能够参加体力劳动的，都应该每年抽出一部分时间参加一部分体力劳动。"

在此基础上，一些企业的领导者开始检讨企业管理中存在的问题，努力克服管理中的官僚主义作风。1958 年，黑龙江的 3 家兵工企业建华机械厂、华安机械厂和庆华工具厂总结了工人参加管理、干部参加劳动、改革不合理规章制度三项经验，形成了"两参一改"管理经验；长春第一汽车制造厂技术人员、工人、干部创造了"三结合"的管理经验。两者结合初步形成了著名的"两参一改三结合"，即干部参加劳动，工人参加管理；改革不合理的规章制度；实行工人群众、领导干部和技术人员三结合的思想。

这些经验在鞍山钢铁公司被进一步融合在一起，1960 年 3 月 11 日，鞍山市委初步总结鞍钢经验，向中央上报了《关于工业战线上的技术革新和技术革命运动开展情况的报告》，毛泽东对这个报告十分赞赏，1960 年 3 月 22 日他亲自为中共中央转发该报告写了批语。毛泽东指出："过去他们（指鞍钢）认为这个企业是现代化的了，用不着再有所谓技术革命，更反对大搞群众运动，反对'两参一改三结合'的方针，反对政治挂帅，只信任少数人冷冷清清地去干，许多人主张一长制，反对党委领导下的厂长负责制。他们认为'马钢宪法'是神圣不可侵犯的。现在的这个报告，不是'马钢宪法'那一套，而是创造了一个'鞍钢宪法'。"

"两参一改三结合"是中国社会主义企业管理制度改革的重大创举，对加强和改善企业管理，提高企业效益和效能起到了巨大的作用。

四、党委领导下的厂长负责制

1961 年初，以邓小平为总书记的中央书记处牵头起草了一份名为"工业七十条"的文件，总结了"大跃进"期间国营工业企业的管理经验，有利于整顿工业企业、加强和改进企业管理。"工业七十条"的主要内容有：第一，规定国家与企业之间实行"五定"、"五保"；第二，限制企业党组织对生产行政工作的干预过多，禁止把党委领导下的厂长负责制引申到车间、工段和科室；第三，建立严格的责任制度；第四，每个企业必须实行职工代表大会制度；第五，明确规定技术人员和职员是工人阶级的一部分；第六，强调按劳分配是社会主义分配原则，按技术标准、劳动的数量和质量来确定职工的工资和奖励；第七，规定企业的主要管理权力集中在厂部；第八，规定企业必须实行全面的经济核算，加强技术管理、经济核算和财务管理。

1961 年 9 月 16 日，毛泽东对"工业七十条"的草案作出批示，《国营工业企业工作条例（草案）》正式诞生。批示强调，责任制度的核心是行政管理方面的厂长负责制，但是并不是说要恢复"一长制"，而是在党委领导下依靠群众、建立一个厂长负责的统一的生产行政的指挥系统。在党委的作用上，批示解释"中国共产党在企业中的党委员会，是企业工作的领导核心。……党委的主要领导干部要把主要精力和大部分时间放在调查研究方面，以便深入了解情况，及时发现和解决重大问题，使领导工作更加符合实际。企业党委应当把调查研究和做好思想政治工作放在第一位，不要去代替厂长，包办行政事务，而要好好地领导和支持以厂长为首的全厂统一的生产行政指挥系统行使职权。这些规定的目的是加强而不是削弱党委对企业的集体领导，提高而不是降低企业党委的领导水平"。

"工业七十条"界定的"党委领导下的厂长负责制"与中共八大相比具有几个进步之处：首先是明确了党委领导下的厂长负责制要把党的领导作为企业厂长负责的一个重要前提，是中国共产党对实现党对企业行政的领导进行的一次系统化探索；其次是规范了党委领导权力的范围，不能代替厂长包办行政事务；最后还对党组织如何运作给出了较为系统的规定。此后，党委领导下的厂长负责制确定下来。

此期间，既有的管理体制受到冲击，建立起了"革命委员会"领导体制，革命委员会实行一元化领导，打破了重叠的行政机构，精兵简政，是一个革命化的联系群众的领导班子。1976年10月之后，通过全国工业学大庆使企业的领导体制逐步恢复。

1978年4月20日，中共中央作出《中共中央关于加快工业发展若干问题的决定（草案）》（即"工业三十条"）下发给各省、市、自治区党委和国务院各部、委党组试行。"工业三十条"总结了中国工业企业管理的经验，恢复和肯定了1961年中央颁发的"工业七十条"中规定的行之有效的方针和政策，它对于医治中国的经济创伤和为进一步发展工业和整个国民经济发挥了积极作用。"工业三十条"规定，国营工业企业要实行党委领导下的厂长负责制和总工程师、总会计师的责任制，建立党委领导下的职工代表大会或职工大会制，取消"文革"期间实行的"革命委员会"领导体制，把"党委领导下的厂长负责制"和"党委领导下的职工代表大会制"，作为企业的基本制度肯定下来。明确了企业党委和职工代表大会的职责，规定："企业的一切重大问题，都必须经党委集体讨论决定。企业的生产、技术、财务、生活等重大问题，党委作出决定后，由厂长负责组织执行。企业党委要积极支持以厂长为首的全厂统一的生产行政指挥系统行使职权，并且监督和检查他们的工作"。

1978年10月11日至21日，中国工会第九次全国代表大会在北京召开，邓小平同志在会上的致辞指出："我们的企业要实行党委领导下的厂长或经理负责制，要建立强有力的生产指挥系统。"此后，各地抓紧进行整顿企业的工作，使一批重点企业较快地改变了面貌，推动了国有企业领导体制的改革和发展。

第三节　改革开放和社会主义现代化
建设新时期（1978—2012年）

改革开放后，工作重心从"以阶级斗争为纲"逐步转到"社会主义现代化经济建设"上来，此时国有企业面对的是如何提高效率、加强管理、适应现代化等问题，政府对企业进行"放权让利"，国有企业的经营管理自主性大幅提高。为了实现国有资产保值增值，防止国有资产流失，加快建立现代企业制度，在此阶段党组织的作用被淡化、党的领导被弱化，具体可以从厂长（经理）负责制、现代企业制度建设中体现。

一、厂长（经理）负责制

在领导体制改革上，1980 年 8 月 18 日，邓小平在中共中央政治局扩大会议上发表《党和国家领导制度的改革》的讲话，明确提出要"有准备有步骤地改变党委领导下的厂长负责制、经理负责制，经过试点，逐步推广、分别实行工厂管理委员会、企业董事会、经济联合体的联合委员会领导和监督下的厂长负责制、经理负责制"。

此后，为规范国有企业管理体制，中共中央、国务院颁布了四部暂行条例，分别是《国营工业企业职工代表大会暂行条例》《国营工厂厂长工作暂行条例》《中国共产党工业企业基层组织工作暂行条例》《中国共产党财贸企业基层组织工作暂行条例》。[1] 1981 年 7 月 13 日中共中央、国务院转发了由中华全国总工会、国家经济委员会、中央组织部拟订的《国营工业企业职工代表大会暂行条例》，强调"所有企业必须在实行党委领导下的厂长负责制的同时，建立和健全党委领导下的职工代表大会制，发扬职工群众主人翁的责任感，保障职工群众当家作主管理企业的民主权利"[2]。1982 年 1 月 2 日，中共中央、国务院颁发了《国营工厂厂长工作暂行条例》用于明确厂长的职责，保障厂长行使国家规定的职权，搞好工厂的经营管理，促进社会主义建设事业的开展。该条例规定"工厂实行党委领导下的厂长负责制。厂长是工厂的行政负责人，受国家委托，负责工厂的经营管理，生产经营方面的问题，由厂长全权决定"，同时"工厂实行党委领导下的职工代表大会制，厂长要尊重职工代表大会的职权，支持职工代表大会的工作，接受职工代表大会的监督"，此外"厂长对工厂的生产经营活动实行集

---

① 张德文，夏云，王宝山．企业法浅论［M］．北京：中国商业出版社，1990．

② 章迪诚．中国国有企业改革编年史：1978—2005［M］．北京：中国工人出版社，2006．

中统一指挥，对工厂党委和上级主管单位直接负责"。1982 年 6 月 3 日中共中央同时发出了《中国共产党工业企业基层组织工作暂行条例》和《中国共产党财贸企业基层组织工作暂行条例》，指出："办好社会主义企业，关键在于加强和改善党的领导。首先，要健全和完善企业领导制度，遵循党委集体领导、职工民主管理、厂长行政指挥的根本原则，实行党政分工。企业党委主要是认真贯彻执行党的路线、方针、政策，掌握企业的社会主义方向，凡涉及党的路线、方针、政策的重大问题，应由党委讨论决定；至于企业的日常生产行政工作，由厂长（经理）统一指挥，全面负责。企业党委要坚持走群众路线，采取从群众中来到群众中去的领导方法，广泛听取群众意见，充分发挥职工群众当家做主办好社会主义企业的积极性和创造性。"

从这四部"暂行条例"的内容可以看出，依旧肯定了现行党委领导下的厂长负责制和职工代表大会制度，并没有触动由此造成的责权分离和党政不分的问题，主要是由于当时很多人对执行厂长（经理）负责制持反对意见。1983 年 12 月，邓小平同志再次提出实行厂长负责制的问题。为此，1984 年初，包括彭真在内的多位党和国家领导人开展了深入调研，通过调研发现，虽然颁发了四部"暂行条例"，但企业自主权和企业领导体制的问题仍然无法解决，从表面上看是无人负责，实际上是无权负责、无法负责和无力负责。如当时杭州叉车厂党委书记蔡国祯所说："现在厂长责任大权力小，党委有权力无责任，我是一身二任，所以矛盾不大。党政要分工，但分得很清也难。"从调研结果来看，绝大多数人赞成实行厂长（经理）负责制。

1984 年 5 月 15 日，第六届人大常委会二次会议的《政府工作报告》中正式提出："在国营企业中逐步实行厂长（经理）负责制。企业的生产指挥、经营管理由国家委托厂长（经理）全权负责"。当月，中共中央办公厅和国务院办公厅连续发出通知，选择在江苏省常州市和辽宁省大连市的国营工业企业全面进行厂长负责制的试点，北京、天津、上海、沈阳四市也各选部分企业进行试点。1984 年 6 月，辽宁省大连市选择了 50 家企业试行厂长负责制，10 月再增加了 80 家，到 1986 年 4 月先后有 237 家国有企业加入试点行列，占全市 277 家国企的 86%。试点效果表明，企业的厂长在决策中的作用突显出来了；党委管党，党委专注于党的建设、贯彻党的方针政策，以及政治思想工作等凸显出来了；行政管理工作有所加强；职工民主管理在企业治理中有了自己的定位。1984 年 10 月，党的十二届三中全会通过的《中共中央关于经济体制改革的决定》明确指出："现代企业分工细密，生产具有高度的连续性，技术要求严格，协作关系复杂，必须建立统一的、强有力的、高效的生产指挥和经营管理系统。只有实行厂长（经理）负责制，才能适应这种要求"。

1986 年 9 月 15 日，中共中央、国务院同时颁发了《全民所有制工业企业厂长工作条例》《中国共产党全民所有制工业企业基层组织工作条例》《全民所有制工业企业职工代表大会条例》三个"条例"以全面启动国有企业的领导体制改革。①《关于颁发全民所有制工业企业三个条例的通知》指出改革的基本内容包括以下几方面："一是企业实行生产经营和行政管理工作厂长负责制；二是明确企业党组织的工作重点，为保证和监督党和国家各项方针政策的贯彻实施，做好企业党的思想建设、组织建设和思想政治工作；三是进一步健全职工代表大会制度和各项民主管理制度，发挥工会组织和职工代表在审议企业重大决策、监督行政领导干部、维护职工合法权益等方面的作用。实行厂长负责制，必须保证厂长在企业生产经营重大问题上的决策权，突出厂长在行政指挥中的作用；绝不应把实行厂长负责制同加强和改善党对企业的领导、巩固和发扬民主管理对立起来，而是要使企业行政、党组织和工会等群众组织的工作，党政工各方都要紧紧围绕生产经营这个中心，按照分工加强各自职责范围内的工作，调动各方面的积极性。就企业党组织来说，必须从思想观念到工作内容、工作方法，来一个大的转变，要从繁忙的日常行政事务中解脱出来，把工作重心放到积极支持厂长实现任期责任目标和统一指挥生产经营活动上来，放到搞好企业党的建设和思想政治工作上来，保证企业生产、经营工作任务的顺利进行。"

经中共中央、国务院批准，国家经委、中央组织部、全国总工会于 1987 年 8 月 25 日至 29 日在北京联合召开全面推行厂长负责制工作会议。自此，厂长负责制在国有企业被广泛推行。党的十三大报告中进一步明确了国营企业党组织的地位和作用，报告指出："企业党组织的作用是保证监督，不再对本单位实行一元化领导，而应支持厂长、经理负起全面领导责任。"1987 年 11 月 1 日党的十三

①　商业部政策研究室. 商业改革文件选编.（中编. 1984. 10—1986. 12）［M］. 北京：中国商业出版社，1989.

大通过的党章修正案第三十三条第一段前面增加一段："企业和实行行政首长负责制的事业单位中党的基层组织……应以主要精力加强党的建设，做好思想政治工作和群众工作；支持行政负责人按规定充分行使职权，并对重大问题提出意见和建议。"1988年4月13日第七届全国人民代表大会第一次会议通过了《中华人民共和国全民所有制工业企业法》，以法律的形式正式明确规定了国有企业厂长（经理）负责制。

厂长（经理）负责制的推行使得厂长权力无限大、监督无限小，阻碍国有企业的可持续发展，削弱了党对国有企业的领导作用。1989年8月28日，中共中央发出《关于加强党的建设的通知》指出："实行厂长（经理）负责制，不能淡化基层党组织的作用，削弱党的领导。企业党组织要改进工作方法和活动方式，充分发挥党的政治优势。……党在企业的基层组织处于政治核心的地位。"

二、现代企业制度

以邓小平南方谈话和党的十四大为标志，中国社会主义改革开放和现代化建设事业进入新的发展阶段，意识到要实现国有资产保值增值，防止国有资产流失，需要更深层次地改革国有企业的所有权制度。

1992年10月12日至10月18日召开的党的十四大提出建设社会主义市场经济体制，需要转换国有企业的经营机制，将国有企业推向市场增强活力，"通过理顺产权关系，实行政企分开，落实企业自主权，使企业真正成为自主经营、自负盈亏、自我发展、自我约束的法人实体和市场竞争的主体，并承担国有资产保值增值的责任。……股份制有利于促进政企分开、转换企业经营机制和积聚社会资金，要积极试点，总结经验，抓紧制定和落实有关法规，使之有秩序地健康发展。鼓励有条件的企业联合、兼并，合理组建企业集团。国有小型企业，有些可以出租或出售给集体或个人经营。"

1993年3月29日第八届全国人民代表大会第一次会议通过《中华人民共和国宪法修正案》，正式将"国营经济"改为"国有经济"，"国营企业"改为"国有企业"。

1993年11月14日，中共十四届三中全会通过的《关于建立社会主义市场经济体制若干问题的决定》明确指出，国企改革方向是建立"产权明晰、权责明确、政企分开、管理科学"为主要特征的现代企业制度，而实行公司制是建立现代企业制度的有益探索，具备条件的国有大中型企业要根据自己的不同情况，分别改组成国有独资公司、有限责任公司或股份有限公司。以此为标志，国有企业改革和党建工作进入了建立现代企业制度的阶段。

1994 年 11 月 2 日至 4 日，国务院在北京召开全国建立现代企业制度试点工作会议，部署建立现代企业制度试点工作，会议确定了北京第一轻工业总公司等 100 个国有大中型企业进行现代企业制度试点。试点国有企业被陆续改造成有限责任公司、国有独资公司和股份有限公司。到 1996 年底，试点企业的资产总额增长了 27.6%，所有者权益增长了 31.1%，企业资产负债率下降了 5.31%。此后，国有企业公司制改革步伐不断加快。为提高党组织建设与国有企业发展的适应性，出台了一系列文件对国有企业党组织如何发挥政治核心作用进行了细致、系统的规定。

1997 年 1 月 24 日，中共中央发出《关于进一步加强和改进国有企业党的建设工作的通知》指出："党对国有企业的政治领导，主要体现在：坚持国有企业的社会主义方向，保证党的路线、方针、政策和国家法律、法规在企业贯彻执行；坚持党管干部的原则，按照管理权限，依法选派、推荐国有资产产权代表和企业经营管理负责人，并对他们实施教育、培养、考核、监督；坚持发挥企业党组织的政治核心作用和党员的先锋模范作用。"强调了政治领导不能以党代政、以党代企。

1998 年 7 月 7 日，针对十五大以来国企改革过程中出现的党组织设置调整跟不上、党组织领导关系不明确和党组织对下岗职工党员的教育管理工作薄弱等问题，中共中央组织部下发了《关于在深化国有企业改革中党组织设置和领导关系等有关问题的通知》，明确规定"企业党组织的设置和调整要与企业改组、改制同步进行。国有企业实行改组、改制、联合、兼并或其他形式改革后，企业的组织形式发生变化，企业党组织要按照党章规定，根据企业的规模、党员人数和工作需要，经上级党组织批准，同步组建、改建或更名党的基层委员会（总支部委员会、支部委员会），选配好党组织负责人。企业内部的党组织设置，也要随着企业组织结构和党员分布状况的变化，及时进行调整"，此外，"企业改组后，党组织的领导关系要按照有利于加强党的领导和开展党的工作，有利于促进企业改革和发展的原则，根据不同情况确定"，"加强对企业下岗职工党员的教育管理"，还要"要高度重视国有企业在改组、联合、兼并和职工下岗分流再就业中的党建工作"。该通知具有较强的针对性和指导性，明确了国企改革过程中党建工作指导方针和党组织设置的方向和策略，能够推动国企党建工作与企业改革进程相匹配。

1999 年 9 月 22 日，中国共产党第十五届中央委员会第四次全体会议审议通过了《中共中央关于国有企业改革和发展若干重大问题的决定》，提出了国企改革的主要目标和指导方针，在党建工作方面，指出"坚持党的领导，发挥国有企业党组织的政治核心作用，是一个重大原则，任何时候都不能动摇"，并规定了企业党组织发挥政治核心作用的具体方面主要是"保证、监督党和国家方针政策在本企业的贯彻执行；参与企业重大问题决策，支持股东会、董事会、监事会和经理（厂长）依法行使职权；全心全意依靠职工群众，领导和支持工会、共青团等群众组织及职工代表大会依照法律和各自章程独立自主地开展工作；领导企业思想政治工作和精神文明建设，努力建设有理想、有道德、有文化、有纪律的职工队伍；加强党组织自身建设，搞好党性党风教育，发挥党支部的战斗堡垒作用和党员的先锋模范作用"，为完善公司法人治理结构提供新思路，对落实国有企业党的建设在国企改制中发挥作用提出新要求。

2002 年 11 月 14 日，中国共产党第十六次全国代表大会通过了《中国共产党章程（修正案）》，规定"国有企业和集体企业中党的基层组织，发挥政治核心作用，围绕企业生产经营开展工作。保证监督党和国家的方针、政策在本企业的贯彻执行；支持股东会、董事会、监事会和经理（厂长）依法行使职权；全心全意依靠职工群众，支持职工代表大会开展工作；参与企业重大问题的决策；加强党组织的自身建设，领导思想政治工作、精神文明建设和工会、共青团等群众组织"，这一表述一直沿用至党的十八大修订的党章。同年，中央和省、直辖市、自治区两级政府逐步设立国有资产监管机构，成立专门的国有资产管理部门以改善国有企业亏损低效局面。2003 年 10 月 14 日，党的十六届三中全会审议通过的《中共中央关于完善社会主义市场经济体制若干问题的决定》也指出："企业党组织要发挥政治核心作用，并适应公司法人治理结构的要求，改进发挥作用的方式，支持股东会、董事会、监事会和经营管理者依法行使职权，参与企业重大问题的决策。要坚持党管干部原则，并同市场化选聘企业经营管理者的机制相结合。"2004 年 9 月 19 日，党的十六届四中全会审议通过了《中共中央关于加强党的执政能力建设的决定》，重申了"国有企业党组织要适应建立现代企业制度的要求，完善工作机制，充分发挥政治核心作用。"

为贯彻落实党的十六大和十六届三中、四中全会精神，充分发挥中央企业党组织的政治核心作用，促进国有资产管理体制改革和中央企业改革发展，针对中央企业党建工作体制机制、方式方法存在与现代企业制度不适应的问题，2004 年 10 月 31 日，中共中央办公厅转发了《中央组织部、国务院国资委党委关于加强和改进中央企业党建工作的意见》。该意见较为系统地提出了加强和改进中央企业党建工作的指导思想、目标任务和措施方法，强调了参与国有企业重大问题决策是国有企业党组织发挥政治核心作用的基本途径，将党组织参与国有企业重大问题决策的内容具体化，明确了党组织参与国有企业重大问题决策的主要内容包括"企业发展战略、中长期发展规划，企业生产经营方针、年度财务预算和决算，企业资产重组和资本运作中的重大问题，企业的重要改革方案和重要管理制度的制定、修改，企业重要人事安排及内部机构的设置调整，涉及企业职工切身利益的重大问题等"，要坚持和完善"双向进入、交叉任职"的企业领导体制，"国有独资和国有控股公司的党委成员可以通过法定程序分别进入董事会、监事会和经理班子，董事会、监事会、经理班子中的党员可以依照有关规定进入党委会。凡符合条件的，党委书记和董事长可由一人担任，董事长、总经理原则上分设"。

2009 年 9 月 18 日，党的十七届四中全会审议通过的《中共中央加强改进新形势下党建若干重大问题的决定》提出"把建设高素质经营管理者队伍、人才队伍、党员队伍、职工队伍和增强国有经济活力、控制力、影响力贯穿国有企业党组织活动始终，保证党组织参与决策、带头执行、有效监督，发挥政治核心作用"，这为国有企业党组织在人才管理中发挥作用提供了指导。

2010 年 7 月 15 日，中共中央办公厅、国务院办公厅印发了《关于进一步推进国有企业贯彻落实"三重一大"决策制度的意见》，所谓"三重一大"是凡属重大决策、重要人事任免、重大项目安排和大额度资金运作事项必须由领导班子集体作出决定的要求，意见指出了国有企业党委（党组）在"三重一大"决策机制中应发挥的作用，"党委（党组）、董事会、未设董事会的经理班子应当以会议的形式，对职责权限内的'三重一大'事项作出集体决策。……董事会、未设董事会的经理班子研究'三重一大'事项时，应事先与党委（党组）沟通，听取党委（党组）的意见"。

第四节　中国特色社会主义新时代（2012年至今）

随着市场经济体制的逐步完善和国有企业改革的不断深化，部分国有企业出现对党建工作的重视程度不足、忽视党建工作的重要性、应付式完成党建工作等现象，"重生产、轻党建"问题越来越严重。自2012年11月8日党的十八大的召开后，强调了党组织在国有企业的"双核心"（领导核心、政治核心）作用，即新时代国有企业党组织作用要由政治核心逐步向"双核心"作用转变，以高质量党建引领国有企业高质量发展。

2015年6月5日，中央全面深化改革领导小组第十三次会议审议通过的《关于在深化国有企业改革中坚持党的领导加强党的建设的若干意见》对如何在深化国有企业改革中坚持党的领导、加强党的建设提出了要求、作出了部署，对一些有一定实践基础又比较成熟的做法进行了总结提炼，作出了明确规定；对实践中正在探索、方向正确，但目前又难以作出具体规范的，提出了原则性要求。《若干意见》强调"坚持党的领导，是中国特色社会主义最本质的特征，也是国有企业的独特优势"，在党的建设同国有企业的改革发展转型同步进行，建立与现代化相适应的企业制度上明确"坚持党的建设与国有企业改革同步谋划，充分发挥党组领导核心作用、党委政治核心作用、基层党组织战斗堡垒作用和党员先锋模范作用"。

2015年8月24日，中共中央、国务院印发的《关于深化国有企业改革的指导意见》（中发〔2015〕22号）指出："充分发挥国有企业党组织政治核心作用。把加强党的领导和完善公司治理统一起来，将党建工作总体要求纳入国有企业章程，明确国有企业党组织在公司法人治理结构中的法定地位，创新国有企业党组织发挥政治核心作用的途径和方式。在国有企业改革中坚持党的建设同步谋划、党的组织及工作机构同步设置、党组织负责人及党务工作人员同步配备、党的工作同步开展，保证党组织工作机构健全、党务工作者队伍稳定、党组织和党员作用得到有效发挥。坚持和完善双向进入、交叉任职的领导体制，符合条件的党组织领导班子成员可以通过法定程序进入董事会、监事会、经理层，董事会、监事会、经理层成员中符合条件的党员可以依照有关规定和程序进入党组织领导班子；经理层成员与党组织领导班子成员适度交叉任职；董事长、总经理原则上分设，党组织书记、董事长一般由一人担任。"

2016年10月10日，全国国有企业党的建设工作会议上习近平总书记发表讲话，为国有企业改革发展和党的建设指明了前进方向、提供了根本遵循，指出中国国有企业的独特优势就是"坚持党的领导、加强党的建设"，坚持党的领导和加强党的建设是我国国有企业的光荣传统，是国有企业的"根"和"魂"，总的要求就是要"坚持党要管党、全面从严治党，紧紧围绕全面解决党的领导、党的建设弱化、淡化、虚化、边缘化问题，坚持党对国有企业的领导不动摇，发挥企业党组织的领导核心和政治核心作用，保证党和国家方针政策、重大部署在国有企业贯彻执行；坚持服务生产经营不偏离，把提高企业效益、增强企业竞争实力、实现国有资产保值增值作为国有企业党组织工作的出发点和落脚点，以企业改革发展成果检验党组织的工作和战斗力；坚持党组织对国有企业选人用人的领导和把关作用不能变，着力培养一支宏大的高素质企业领导人员队伍；坚持建强国有企业基层党组织不放松，确保企业发展到哪里、党的建设就跟进到哪里、党支部的战斗堡垒作用就体现在哪里，为做强做优做大国有企业提供坚强组织保证"。

2017年3月15日，中共中央组织部、国务院国资委党委印发的《关于扎实推动国有企业党建工作要求写入公司章程的通知》对分层分类、因地制宜做好国有企业党建入章程提出明确要求，"国有独资、全资和国有资本绝对控股企业要带头落实中央部署，带头将党建工作要求写入公司章程，为党组织有效开展工作、发挥作用提供制度保障。要根据党章、公司法和中央有关规定，在公司章程中明确党建工作总体要求，写明党组织的设置形式、地位作用、职责权限，写明党务工作机构及人员配备、党建工作经费保障等内容和要求，明确党委（党组）研究讨论企业重大问题的运行机制。一般应将党组织单设一章，使党建工作要求在公司章程中得到充分体现。对于境外上市的，要注意防范相关法律风险，妥善做好工作"。

2017 年 4 月，中共中央组织部、国务院国资委党委制定了《中央企业党建工作责任制实施办法》，该实施办法是第一部关于中央企业党建工作的党内法规，是中央企业管党治党的重要制度安排，是落实全国国企党建工作会精神的重要实践成果，对于中央企业坚持党的领导、加强党的建设，落实党中央全面从严治党决策部署，具有十分重要的意义。该实施办法明确了党委（党组）主体责任、党委（党组）书记第一责任、专职副书记直接责任、其他班子成员"一岗双责"的具体内容，明确了履行党建工作责任"干什么"、落实责任"怎么干"、"怎么评价、谁来评价"和"干不好怎么办"。2017 年开始，国资委每年开展中央企业党建工作责任制年度考核，综合运用个别访谈、线上查阅、实地走访、满意度测评、综合研讨等方式，对中央企业党建工作情况"扫描画像"，考核结果同企业领导班子综合考核相衔接，同领导人员薪酬奖惩挂钩。中央企业所属企业结合实际开展党建工作责任制考核，形成强有力的倒逼机制，把管党治党政治责任、治企兴经营责任一并抓在手上、扛在肩上。

2020 年 1 月，中共中央组织部印发《党委（党组）书记抓基层党建工作述职评议考核办法（试行）》，推动各级党组织书记认真履行第一责任人职责。各中央企业及所属企业普遍细化责任清单，健全责任链条，量化到岗、明确到人、具体到事，形成上下贯通、环环相扣、层层负责、层层落实的责任链条。

2021 年 5 月，中央办公厅印发《关于中央企业在完善公司治理中加强党的领导的意见》，提出"中央企业党委（党组）是党的组织体系重要组成部分，在公司治理结构中具有法定地位，在企业发展把方向、管大局、促落实的领导作用"，同时对明晰中央企业党委（党组）讨论和决定重大事项的职责范围，规范党委（党组）前置研究讨论重大经营管理事项的要求和程序，明确党委（党组）在董事会授权决策和总经理办公会决策中发挥作用的方式，强化党委（党组）在执行、监督环节的责任担当，以及加强党委（党组）自身建设等方面，作出了制度性安排。同月，中央组织部、国务院国资委党委印发《中央企业党委（党组）前置研究讨论重大经营管理事项清单示范文本（试行）》从顶层设计上作出制度性规范，从治理架构上确保党委（党组）"把方向、管大局、促落实"、董事会"定战略、作决策、防风险"和经理层"谋经营、抓落实、强管理"有机统一。

总体来看，自2016年全国国企党建会召开以来，国资央企持续深入贯彻习近平总书记重要讲话精神，通过压茬推进党建工作落实年、党建质量提升年、基层党建推进年、党建巩固深化年、党建创新拓展年五个专题活动，推动了国有企业党的领导、党的建设全面严起来、实起来、强起来，为企业改革发展提供了坚强保证。

第二章　国有企业党建与生产经营融合新征程

党的十八大以来，以习近平同志为核心的党中央对马克思主义中国化时代化进行了理论的创新和实践的创造。党的二十大报告在回顾总结十八大以来成就的基础上再次强调了国有企业是中国特色社会主义的重要物质基础和政治基础，是我们党执政兴国的重要支柱和依靠力量，并对国有企业改革发展和党的建设作出了新的重大部署，党的二十大报告重申"推动国有资本和国有企业做强做优做大"，还提出"推进国有企业、金融企业在完善公司治理中加强党的领导，加强混合所有制企业、非公有制企业党建工作"，这为新的历史起点上做好国资国企各项工作指明了方向，提供了根本遵循。

第一节　新时代国有企业的地位和作用

在经济发展上，国有企业是促进我国经济高质量发展的顶梁柱。截至2021年底，全国国资系统监管企业资产总额达到259.3万亿元，比2012年底增长2.6倍，年均增长15.4%。2012—2021年，全国国资系统监管企业累计实现增加值111.4万亿元，年均增长9%，超过GDP年均增速2.3个百分点。此外，国企承担了全国约80%的化解钢铁过剩产能任务，提前超额完成"十三五"节能减排目标，2021年中央企业万元产值综合能耗比2012年下降约33%。

在政治保障上，国有企业是贯彻党和国家重大决策部署的主力军。国有企业始终坚持党的领导，坚决贯彻领会党的主张并落实路线方针，有效体现国家意志，发挥特殊作用。近年来，国资央企聚焦服务京津冀协同发展、长三角一体化发展、粤港澳大湾区建设、长江经济带发展、黄河流域生态保护和高质量发展等区域重大战略，深入开展央地协同合作，党的十八大以来签约项目3849个。

在社会服务上，国有企业是维护国家基础服务和安全的稳定器。中央企业建成了运营全球规模最大、技术领先、覆盖全国的网络基础设施，积极承担川藏、藏中、阿里电力联网工程等一批投资大、收益薄的基础设施建设，深入推进新一轮农网改造升级和村村通动力电工程，有力支撑制造强国、网络强国、交通强国、数字中国建设，有力维护国家国防安全、能源资源安全、粮食安全、信息安全。

在共同富裕上，国有企业是满足人民对美好生活向往的先锋队。国有企业不仅是重要的生产者，同时也是收入分配的重要参与者。国有企业在初次分配和再次分配中发挥了重要作用，担负着保障就业、提高劳动者收入和福利待遇水平等重要社会责任，是国家财政收入的重要来源。十年来，中央企业累计上交税费18.2万亿元，上交国有资本收益1.3万亿元，向社保基金划转国有资本1.2万亿元。国有企业通过参加社会公益、救助扶贫、慈善捐赠等方式积极参与共同富裕，在三次分配中发挥重要作用。以国资央企为例，2016年以来累计投入和引进帮扶资金近千亿元，定点帮扶的248个国家扶贫工作重点县全部脱贫摘帽，1.2万个各类扶贫点全部脱贫出列。

总之，国有企业在经济、政治、社会发展等方面发挥着不可替代的作用，而坚持党的领导、加强党的建设，是我国国有企业的光荣传统，是国有企业的"根"和"魂"，是我国国有企业的独特优势，需要正确认识国有企业中的党建作用。

第二节　新时代国企党建的基本内涵

在新时代的背景下，国企党建所包含的内容也产生了新亮点。2016年，在全国国有企业党的建设工作会议上，习近平总书记对国企党建工作作出了重要指示，这对国有企业的发展具有重大意义。习近平总书记深刻强调坚持党的领导对于国有企业的重要性，无论国企形势如何发展、国企改革如何进行和国企人员如何变更，必须始终坚持党的领导、坚持国企党组织的领导这一核心内容，实现党的建设和国有企业发展同步，贯彻落实习近平总书记重要批示精神。

第一，国有企业自始至终都承担着国家赋予它的重要责任和使命。关乎着国家综合实力的壮大，是中国特色社会主义的重要物质和政治基础，是保障人民共同利益的重要力量。习近平总书记也提出国有企业被赋予了发展社会主义经济、保障人民群众利益的庄严使命，从落实国家重大战略政策出发，从坚持党的领导出发，进一步推进国有企业党的建设，使得国企党建工作深入人心，指明国有企业发展的正确道路，促进国家经济的发展。

第二，坚持党的领导，让国有企业在党的领导下成为国家的不可或缺的"六种力量"，这六种力量是新时代国企必须肩负起的任务和使命，缺一不可。第一成为党和国家最可信赖的依靠力量；成为坚决贯彻执行党中央决策部署的重要力量；成为贯彻新发展理念、全面深化改革的重要力量；成为实施"走出去"战略、"一带一路"建设等重大战略的重要力量；成为壮大综合国力、促进经济社会发展、保障和改善民生的重要力量；成为我们党赢得具有许多新的历史特点的伟大斗争胜利的重要力量。

第三，坚持党的领导是中国特色社会主义的本质特征，坚持党对国有企业额领导是国企党建工作的重中之重。国有企业作为经济的主导力量，在企业发展的全过程中必然需要坚持党的领导。党的领导和党的建设是国有企业的根本和灵魂，这突出了党的领导和党建设在国有企业发展中的根本地位，就要求国有企业必须始终坚持党的领导，始终推进党的建设工作，将党的建设贯彻到国有企业实践当中去。国企党建必须坚持党对国有企业的领导，这是国有企业必须遵循的重要原则，以此为基础，国有企业才具有生命活力，才有指路明灯，使得国有企业改革与发展始终沿着正确方向前进，使国企党建随着新时代经济发展的同时始终坚守初心，把握政治大方向。

第四，党建就是党的建设。具体来说，尤其是对国有企业基层党组织而言，包含了两个大的层面，一是加强国有企业党的政治建设，二是完善国有企业党内民主和监督体系。国有企业是中国特色社会主义的重要物质基础和政治基础，是我们党执政兴国的重要支柱和依靠力量。国有企业基层党组织不是一般的经济组织、社会组织，而是一种政治组织，是党在基层的战斗堡垒。政治功能是基层党组织之魂，要把牢政治方向，坚决贯彻落实党中央决策部署，把政治建设作为党的根本性建设，旗帜鲜明讲政治，坚决维护习近平总书记党中央的核心、全党的核心地位，坚决维护党中央权威和集中统一领导，思想上高度认同、政治上坚决拥护、组织上自觉服从、行动上紧紧跟随。牢固树立"国企姓党"观念,自觉服从和服务于党和国家工作大局,在新时代中国特色社会主义事业发展中体现"国企担当"。坚持和落实"两个一以贯之",加快建设中国特色现代国有企业制度,把企业党组织内嵌到公司治理结构之中,把党的领导融入公司治理各环节,健全完善基层党组织对重大经营管理事项前置把关的制度机制,做到组织落实、干部到位、职责明确。将党的领导融入公司治理结构与环节,落实党组织的法定地位,是建立中国特色现代企业制度的必然要求。

第五,从全方位落实国企党建工作的角度出发,国有企业自身需要本着改革创新的精神着力解决基层党组织建设中存在的问题,实现自我净化、自我完善、自我革新、自我提高。从微观层面看,习近平总书记对国企党建中的干部人员如何承担责任以及如何保障普通工人的利益均提出了具体的要求。首先,中国特色社会主义进入新时代,国有企业要在新时代承担起党和国家赋予的使命,就必须坚持党的领导,加强党的建设,努力打造一支满足时代需要,服务国有企业改革发展的高素质专业化党务干部队伍。其次,习近平总书记强调必须坚持全心全意依靠工人阶级的方针,工人阶级是党最可靠的阶级基础。因此应当重视国有企业当中职工工人的利益,不断健全职工工作和休息制度,保障人民群众的民主权益,让普通职工参与到国企的民主工作当中来。因此,国有企业的应当在坚持党的领导的前提下做到从根本上依靠工人阶级,保护工人阶级合法利益,这对国有企业党建工作具有重大现实意义。

综上所述,坚持党的领导是国有企业的根本政治原则,加强党的建设、抓好党建工作是把握好国有企业发展方向的重要支柱。国企党建就是要充分发挥国企党组织对国有企业的领导核心作用和政治核心作用,通过开展党建工作使得党和国家的重要政策和计划方针在国有企业得到有效实施,保证国有企业干部和党员的思想认识可以跟上新时代的步伐,坚持在党的领导下推动各项工作落实,最终国有企业可以主动适应新时代发展市场经济的客观要求,不断在党的领导下进行技术革新和管理革新,提高国有企业效益和增强国有企业竞争力。坚持党的领导,坚持国企党组织的领导,国企发展到哪里,党的建设就跟进到哪里,日积月累,国有企业将拥有一批高素质的党员队伍,不断地为国有企业改革发展稳定作出贡献。

第三节 新时代加强国企党建的重要意义

一是加强国企党建是新时代充分发挥国企党建优势、推动社会主义现代化强国建设的现实需要。国企党建要求国有企业应当坚持党的领导,加强党的建设,国企党建的质量关乎着国有企业本身发展质量,而国有企业是中国特色社会主义的重要物质基础和政治基础,是实现全体人民共同富裕的重要载体,是中国现代社会主义的发展的中坚力量。坚持党的领导、加强党的建设,是国有企业的"根"和"魂",是中国国有企业的独特优势,这种优势能够推动我国全面建设社会主义现代化国家,促进我国特色社会主义的不断发展,把党的领导贯彻到中国特色社会主义伟大事业的工作当中去。党的领导是中国特色社会主义最本质的特征,坚持党的领导的国有企业,必须对新时代党中央对国有企业的发展定位、国企党建工作的重要性有新的认识,不断提高党建工作质量,将党建贯彻到国有企业发展的每一个方面去。国有企业是具有鲜明政治属性的市场主体,宪法将国有企业在国民经济中的地位以根本大法的形式确定下来,使国有企业地位有了法律的保障。在全面建设社会主义现代化国家的过程中,国有企业在国家面临各项自然灾害和其他危险的冲击时,毅然决然的冲在前线,奉献出自己的一份力量,尽力支援受难的灾民和企业,始终承担着振兴民族产业和提升民族经济的神圣职责,是国民经济的重要支柱。另一方面,国有企业除了其最为明显的经济作用外,还具有政治职能、社会职能、文化职能、生态环境保护职能,而全面建成社会主义现代化强国必须在经济建设、政治建设、文化建设、社会建设和生态文明建设"五位一体"建设的基础上,因此加强国企党建,使得国有企业发挥着特殊优势才能更好地推动社会主义现代化强国建设。

二是加强国企党建是巩固党的执政根基、推动全面从严治党向基层延伸的内在要求。当前,围绕国企党组织进行的党建工作不断深入,特别是结合党的二十大报告提出的新时期党的建设总要求及党的政治建设等新课题、新内容、新要求进行深入研究,有助于我们在新的历史时期准确把握党中央对国有企业党建工作的最新精神要求,坚持从严管党治党,更好地推动国企党建工作高质量发展。同时,在推动国有企业党建工作中,特别是围绕中央全面从严治党要求、党的"六大建设"工作，仍有许多的难点、焦点、长期沉积的问题和矛盾有待我们通过深入的调研和分析，以及在具体的工作中加以认真的实践，才能有效的破解。此外，在管党治党责任的落实、全面从严治党问题任务责任清单机制建设、企业党员干部党规党纪教育培训、企业党风廉政建设，党内监督执纪问责、国有企业内部正风肃纪良好风尚营造等方面的研究，需要我们结合国有企业实操工作中遇到的新情况新问题加以针对性地研究，以期提出务实管用的对策措施，更好地促进党要管党、全面从严治党责任在国有企业基层党组织的贯彻落实。加强国有企业党建建设，对巩固党的执政根基，加强党的长期执政能力建具有重要作用。

三是加强国企党建是保护全民财富安全不受侵害、满足人民美好生活需要的重要保障。国有企业属全民所有，因"公"而生、而存、而兴，是人民的共同财富，为党为国为民是其唯一的价值追求和存在意义。20 世纪 90 年代，一些贪污腐败分子借国有企业改革之机，利用手中权力大肆敛财聚财、官商勾结变卖贱卖国有资产等情况屡禁不止，造成了大量的国有资产流失，给国家和人民带来了巨大的经济损失。2015 年中央对大多数中央企业开展巡视工作后，通过从信访、审计、巡视以及各级纪委等监督执纪部门反馈案件审理情况来看，国企内部人控制、利益输送、低买贱卖侵吞国有资产，导致国资大量流失的现象屡禁不绝。近年来，上述现象减少但国有资产流失风险仍存，主要体现为部分国企"三重一大"制度未能有效执行，导致决策失误购入资产闲置；部分国企内部控制制度不健全，坏账较多；部分国企薪酬考核制度未延伸到下属子公司，未对下属公司设置绩效考核指标任务；部分国企缺乏资产盘活机制，未进行闲置资产盘点等。造成这些严重问题的根本原因，就在于国有企业没有真正坚持党的领导。国有企业在发展的每一个阶段，每一个方面都始终坚持和加强党的全面领导，不忘初心，那么国有企业将始终保持为国为民的本色，禁止国有企业内部的腐败和无能，防止国有企业在市场经济中不断被侵蚀，使国有企业牢牢掌握在人民手中，不变质、不贬值、不倒退，人民的财富得以有效保护，全民的利益得以完全实现。此外，国企党建质量，也关乎人民美好生活的幸福质量。国有企业不断加强党建工作，意味着国有企业坚持党的领导，始终把人民的美好幸福生活愿望作为一切工作的中心，一切为了人民，因此国有企业切实做好为社会提供高质量的公共服务、公共产品，切实做好为人民提供高质量的服务，提升人民的生活质量。

四是加强国企党建是建立中国特色现代国有企业制度、完善国家现代化治理体系的应有之义。从国企党建与国家治理之间的关系来看，国企党建体现了马克思主义执政党建设和国家治理的有机统一。2016 年 10 月，习近平总书记在全国国有企业党的建设工作会议上指出，中国特色现代国有企业制度，"特"就特在把党的领导融入公司治理各环节，把企业党组织内嵌到公司治理结构之中，显然，党在现代国有企业当中具有无可替代的地位。坚持党的领导，加强党的建设，要求一方面国有国企无论是在作出一些重大决策还是一些比较小但也会影响国企本身运作时均要时刻谨记坚持党的领导，在党的领导之下办事，根据国有企业党组织的决定或者指示作出相应的方针，使得国有企业始终往正确的道路发展。另一方面要绝对重视国企的党组织，身为党员无论是高级领导还是骨干干部，都要从党员角度出发，以身作则，率先垂范，使得公司的治理结构井然有序，为建立中国特色现代国有企业制度奠定坚实的基础，为完善国家现代化治理体系贡献力量。在党的十九届四中全会上，对加强国家治理体系的现代化建设给予了明确的要求。就国有企业而言，治理现代化建设是整个国内治理现代化的主要组成，加强国企治理体系现代化的建设，就是要坚持在党的领导下，通过加强国企党建，着力解决当前存在的国有企业治理过程中的突出问题，不断推进各项改革发展制度落实，增强国企的治理能力，促进国企治理体系的现代化程度提升，建立中国特色现代化国有企业制度，实现国有企业做优做大做强。

第四节　新时代国企党建与生产经营融合必要性

一、党建与生产融合的基本要求

国有企业是中国特色社会主义的重要物质基础和政治基础，是中国特色社会主义经济的"顶梁柱"。国有企业本身是带有多种属性的，包括经济、政治和社会属性。作为我国经济体系中重要的组成部分，国有企业的发展是离不开党的领导的，两者的联系纽带正是通过党建工作体现的。国有企业党建工作的开展关乎到国有企业的长久发展，而生产经营又是国有企业的发展基础。因此，推进国有企业党建工作与生产融合，能够发挥党的政治、组织和思想优势，从而促进国企更好地发展。

一方面是党建的有效性需要紧密联系企业生产发展需求。推进国有企业党建工作与生产经营深度融合，会促进企业效益提高和企业经济发展，这样才能够确保党建工作的有效开展，推动党的工作目标更好地实现。习近平总书记指出，国有企业党建工作要坚持服务生产经营不偏离。只有把提高企业效益、增强企业竞争实力、实现国有资产保值增值作为国有企业党组织工作的出发点和落脚点，以企业改革发展成果检验党组织的工作和战斗力，才能从根本上落实党对国有企业的领导，发挥党组织对国有企业改发展的把关定向作用。随着国有企业改革的持续深化，国有企业党组织的地位作用、职责定位和工作方式都发生新的变化，面临新的挑战，表现为党组织活动与生产经营结合度不高，既不利于党建工作，也不利于生产经营。出现这些问题的根本原因还是党的建设定位不准确、目标不明确、方法不得当。作为国企经济效益创造的基础前提，生产经营的开展同样是国企党建工作开展的定位所在，意味着国企需立足于企业经营生产来开展党建工作的创新，推动国有企业党的建设与生产经营深度融合，把党的领导党的建设融入企业改革发展全过程。

另一方面是国有企业生产的发展离不开党建提供的有力支撑。实践证明，推动党的建设与生产经营深度融合，把党建工作成效转化为企业发展动能，是国有企业充分发挥独特优势，建设国内领先、世界一流，实现做强做优做大的有效措施。党建工作在国企发展中发挥着重要的精神引领作用，可以将职工群众结合在一起，调动职工积极性，激发国企职工的凝聚力，最大化发挥出党建工作的优势与作用，帮助国企将党建工作优势转化为自身竞争优势，进而推动国企发展。此外，通过生产经营与党建工作的融合发展，可提升国企人员的素质能力，促使国企经营发展具备人才优势，增强了企业的生命力、创造力和凝聚力，提高了国有企业的在发展中的核心竞争力。

二、新时代国有企业党建存在的主要问题

从实际情况上来看，目前部分国有企业党建中仍然存在对党建工作的重视性不足、党的作风建设仍需加强及党建工作创新思维欠缺等问题。

第一，企业内部对党建工作的重视性不足。部分企业将工作的重点放在了如

何尽可能多地获得经济效益上，对于党建和思政教育工作的重视度不足，对其持应付、敷衍的态度，导致实际工作的效果较差。这种发展理念和工作模式对于国有企业的日常运营、长远策略均会产生深远的影响，在一定程度上造成了党建工作推进困难，工作收效甚低。从企业长远发展的角度来说，加强其经济建设水平是发展过程中的必然趋势和重要目标之一。但就整个国民经济体系来讲，国有企业是经济建设当中不可或缺的重要基石，如果党建工作做得不够好，将会直接影响国企所承担的社会责任。近年来，伴随着社会、企业转型，国企员工和干部的思想出现更加多元化的趋势。在经济新常态的形势下，一部分人对于利益的追逐与中华优秀传统文化中的无私奉献的精神相背离。在国有企业进行一系列的产业结构调整和升级的情况下，不可避免地会导致一些人员的流动速度加快，这对于党建工作来说是不利的因素。部分国有企业在发展过程中出现了一些追逐短期经济利益的功利化行为，这将制约国企政治思想水平的提升。某些国企领导或党建工作负责人对党建工作的认知水平较低，也没有能和党建工作相配套的工作能力和办法，这进一步导致了党建工作在企业管理工作中的重要性降低。

第二，部分国企党的作风建设仍需加强。党的十八大以来，国有企业作风问题和贪污腐败现象得到了明显改善，然而部分国有企业的监督机制仍未健全，一些监督执纪问责不严格的现象仍然存在，监督责任虚化缺位的现象仍未完全杜绝，然而部分国有企业内部监管流程不完善，监督渠道较为单一，监督合力尚未形成，部分企业党组织的日常监督责任未能有效发挥，党员的民主监督未充分发挥作用，导致部分游离于法律法规、规章制度外的灰色地带未能全部消除，为国有企业滋生贪污腐化提供了可能性。部分国有企业党风廉政建设"两个责任"仍未落实到位，一些违反中央八项规定精神、贪污腐败、利益输送的问题尚未完全杜绝。部分国有企业尚未筑牢企业职工干部的思想防线，党性教育、宗旨教育、警示教育等工作未实现规范有序开展，领导干部拒腐抗变的意识和能力有待进一步提升。部分国有企业内部纪检组织监督执纪责任有待强化，预防腐败体系尚未健全，对关键岗位、重要人员特别是一把手的监督管理有待加强，部分党员出现错误苗头时未能及时提醒纠正，形式主义、官僚主义、享乐主义和奢靡之风未能完全遏制。

第三，党建工作创新思维欠缺。国企日常党建工作多以传统的宣传教育为主，这种宣教模式的特点通常是自上而下的，多为单向式的宣传教育，这种工作办法体现了一定的强制性特点。在新时期，如果仍然沿袭这种陈旧的教育模式，容易引起企业员工的逆反心理，导致普通员工对党建工作者产生排斥，无法相互信任。对于党建工作的结果来看，思想政治类的工作对企业发展的作用通常是隐形的，其效果的体现具有一定的滞后性，即无法产生立竿见影的效果。同时，其工作成效不能以经济效益的方式进行衡量，这也在一定程度上降低了国有企业员工对党建和思政工作的热情。除此之外，部分国企党组织的活动有效性较差，思想观念和工作办法不能做到与时俱进；部分国企党组织的感召能力较弱，员工对其组织的活动疲于应付；有的基层党支部没有积极适应新形势下的变化，在丰富符合新时代、新使命、新任务的工作载体方面做得不够，在抓党建工作上因循守旧，缺少创新和活力。部分国企党组织的工作不能落实到细节上，在维护员工合法权益方面的表现较差。随着网络技术的发展和新媒体时代的到来，国企党建工作面临着管理方式落后的问题。国企党建和思政工作宣传方式滞后于时代发展水平，其宣传水平和效果较差，是当前阶段党建工作的又一挑战。自进入新时代，国有企业随着时代的进步不断进行深化改革，在党建工作方面作出了重要批示，可见国家和党一直高度重视党建工作，从会议到政策或者法律，国有企业长期以来存在的党建上的"宽""松""软"问题得到一定改观。具体表现在三个方面：一是各国有企业积极推动把党建工作要求写入公司章程，进一步明确党组织在公司法人治理结构中的法定地位；二是各国有企业推动符合条件的党组织班子成员进入董事会、监事会、经理层，认真落实国有企业党委（党组）书记董事长"一肩挑"、党员总经理兼任副书记，坚持和完善"双向进入、交叉任职"领导体制；三是中央组织部、国务院国资委党委印发中央企业党委（党组）前置研究讨论重大经营管理事项清单示范文本，31 个省区市和新疆生产建设兵团结合本地实际制定出台清单示范文本，明确了国有企业中党组织研究讨论是董事会、经理层决策重大问题的前置程序。

三、国企党建与生产经营融合问题的具体表现

在肯定部分国有企业党建工作与生产经营深度融合取得了一定成绩的同时，还要清楚地认识到一部分国企党建工作与生产经营深度融合的效率不高，具体表

现在两个方面：

一是在日常生产经营过程中"轻党建、重生产"，在愈来愈激烈的市场竞争压力下，各级生产经营单位都要承担较重的生产经营指标压力，大多数领导班子成员认为完成生产经营任务才是"硬指标"，党建工作只是"软任务"，因此主要把精力放在抓生产经营上，甚至出现应付党建工作以完成上级的检查考核的现象。例如，有的部门党员教育抓得不紧，"三会一课"制度坚持得不好，一些主要活动没有开展；有的部门连最基本的党建工作计划都没有，或者工作安排不结合实际，照抄照搬面上安排，工作流于形式。造成这种状况的主要原因：一是机关党建考核奖励机制与业务工作考核奖励机制相比，力度太弱，引不起部门主要领导的足够重视。在实际工作中，部门业务工作完成得好，领导可以得到较高的经济奖励，甚至被提拔重用。而党建工作做得好，却没有经济奖励或者奖励很少，因此被提拔的领导也很少。这种现实状况，导致了有的部门领导对经济、业务工作很重视，而对党建工作只求过得去就行，不求过得硬；二是有的部门对领导没有树立正确的发展观和政绩观。他们往往从事物的表象看问题，看不到党建工作的深层次保障和促进作用，认为抓经济业务工作见效快、容易出政绩，而抓党建工作见效慢、政绩难显现，对经济业务工作热情有加，而对党建工作反应冷淡。

二是由于国有企业党组织存在理论学得"不深"、悟得"不透"的问题，在理论与实践的结合中"重形式、轻实效"，例如有些国有企业没有很好地将生产与经营党建工作结合起来，没有将职工业务培训、考核与职工党员的培训结合起来，没有从以往的经验的束缚中解放出来，缺乏改革创新精神，教育方式方法落后，跟不上企业改革发展的步伐，导致信息闭塞，效果欠佳。由于不注重理论学习的深度思考，在与实践结合过程中内容针对性很弱，使党建工作在一线的生产经营中起不到促进作用，仅充当国企的形象工程，在开展党建工作时满足于痕迹式、台账类的打卡，开展政治活动流于形式、走过场，甚至可能出现平时对于党建工作各种闪躲推诿，而到考核时点开始给党建补材料，甚至可能出现弄虚作假的现象。

第三章 六性工作法：一种推动党建生产融合的管理办法

第一节 六性工作法的基本内容

在长期的革命、建设、改革的实践中，党中央不断探索和总结出了一套科学完整的思想方法和工作方法。这套科学的方法体系也可以作为我们管理企业、指导具体工作的重要"工具箱"，从百年党史中我们总结出了一种能够将"软实力"转化为"硬支撑"、把"两张皮"拧成"一股绳"以推动国有企业党建生产融合的管理办法——"六性工作法"，即依从性、针对性、实效性、关联性、主动性和辩证性。

一、依从性

依从性是"六性工作法"的第一性，落实到国有企业管理中包含两个方面含义，一是要坚持党的领导，让讲政治成为自觉，提升政治能力；二是在具体工作中，从上到下都要讲依据，做到将上级要求层层落实。

国有企业自诞生起就具有经济与政治的双重属性，作为中国特色社会主义的重要物质基础和政治基础，做到坚持党的领导和旗帜鲜明讲政治，把党的领导贯彻和体现到各个领域、把讲政治做实做细是保持国有企业基本初心定位的根本前提。具体来说，就是指国有企业要提高政治判断力、政治领悟力、政治执行力。政治判断力主要针对企业领导层面，强调做战略规划和重大决策要用政治的眼光思考问题，加强战略性、前瞻性、系统性研究，结合党和国家的工作部署思考企业在国家发展中的定位，找准发力点主动担当、主动作为。政治领悟力要求企业全体人员要加强对马克思主义基本理论、习近平新时代中国特色社会主义思想等的学习，并及时跟进学习重要讲话、重要指示批示精神，做到融会贯通、触类旁通，通过关注党中央的工作动态领悟什么是重要的、是党中央关心的，以此弄清楚自己的工作职责。政治执行力是指要将讲政治由思想层面转化到工作实践中，各级要落实上级精神，用思想武装头脑、指导实践。

"不以规矩，不成方圆"是指做事情需要一定的规则，在国有企业管理中也应该做到"有规可循，有据可依"。在过去的工作中，由于没有做好"讲依据"，干部员工习惯埋头做事、点对点地承接工作，往往将大部分精力投入日常事务，出现工作反复、效率低下的现象。做到"讲依据"，就是在决策层面要考虑是否符合党和国家政治要求、是否符合企业战略定位，能够提高决策科学性，保障国有资本运营安全，实现资本保值增值；在执行层面，通过制定相应的制度、流程和标准来让员工准确把握党委安排部署的内在要求，减少因理解差异带来的执行偏差，从而提升工作效率、提高工作质量。

二、针对性

针对性是"六性工作法"的第二性，落实到国有企业管理中是指要结合实际，通过强化"目标、问题、结果"导向意识切实提升干部员工的专业能力，以期在工作中迅速辨识锁定工作重点，锻炼干部员工"要事第一"的思维模式，同步结合专精特新，多出成果特别是高水平高层次高质量的成果。

"察势者智，驭势者赢"，习近平总书记强调，要准确认识和把握社会主要矛盾、确定中心任务。其实，善于抓住和集中力量解决主要矛盾是中国共产党一直以来的科学领导办法和工作方法，面对复杂形势和繁重任务，必须找准主要矛盾和矛盾的主要方面，优先解决主要矛盾和矛盾的主要方面。主要矛盾解决得好，次要矛盾可迎刃而解，主要矛盾解决不好，次要矛盾也不可能得到很好解决；要坚持问题导向，增强问题意识，准确把握问题的核心和重点。在实际工作中，干部员工经常出现做了很多工作但缺少亮点、被琐事所困影响重点工作的完成质量、主持参与很多课题项目但成果无法落到实际的问题，这都会影响公司的发展和个人的提升，究其根源就是因为干部员工理不清工作、找不到重点、分不清主次。

三、实效性

实效性是"六性工作法"的第三性,落实到国有企业管理中是指在实际工作中必须坚持"实"字为先、"干"字为要、"效"字为重,坚持一切从实际出发,明确具体的工作成果,强化责任意识;实事求是地将每一件事情做到位、做彻底,以实干求实效,不折不扣地强化执行能力;根据要求保证工作成果的标准和效果,确保目标导向、结果导向相统一。

"一分部署,九分落实",落实到位是开展一切工作的最终目的。习近平总书记多次强调了加强作风建设的重要性,要求涵养风清气正、实干担当的政治生态。在过去的工作中,有的干部职工责任意识不足、担当意识不够,面对上级的系列要求和各职能部门印发的方案计划敷衍了事,出现"机械式"开展工作、被动应付、"依葫芦画瓢"等现象,由于不深入思考分析问题,往往在思想上僵化落后、无法与时俱进,做工作常常耗时耗力却做不出成效。一直以来,我们党都将实事求是作为基本的思想方法、工作方法和领导方法,通过"靠实事求是吃饭",大胆地试、大胆地闯,探索出了一条符合我国国情的中国特色社会主义道路,并在社会主义现代化建设中不断取得新的重大成就。客观实际是不断发展变化的,为此要通过解放思想来推动主观认识与不断发展变化的客观现实相统一,具体到我们工作中就是要转换思想,讲求"实效性",在尊重客观事实前提下关注最终成果及其对现实的影响。

四、关联性

关联性是"六性工作法"的第四性,落实到国有企业管理中是指做任何一件工作时要先从整体、全局的角度思考,将新的工作与其他工作联系起来,系统地看待每一项工作,将关联的资源整合起来,提高工作效率提升工作价值,实现"1+1>2"。

我们党历来都注重运用系统观念来指导实践,并将其作为基础性思想和工作方法。进入新发展阶段后,我们需要解决的问题越来越多样、越来越复杂,就更加需要坚持系统的观念。一是要加强前瞻性思考,用全面、辩证、长远的眼光看待问题,科学预见形势发展的未来走势、蕴藏其中的机遇和挑战、有利因素和不利因素，透过现象看本质，从形势和条件发展变化中把握客观实际，掌握发展规律；二是要加强全局性谋划，胸怀"两个大局"和"国之大者"，把企业的工作放到大局中进行思考和定位，把党中央的决策部署同企业的实际有机结合，更好地认识全局、服务全局、服从全局；三是要加强战略性布局，牢牢把握政策机遇、市场机遇、发展机遇、转型机遇，把机遇转化为企业发展的动力，在危机中育新机、在变局中开新局，跟上飞速变化的形势和时代前进的步伐；四是要加强整体性推进，既要立足整体、统筹全局，又要通过争取更多局部优势和局部主动地位，逐渐地形成战略优势和战略主动地位，以局部优势带动整体局面转变，形成整体优势。落实到企业工作中，就是要加强"关联性"，在策划开展工作时注意进行统筹整合，提高性价比和工作效率。

五、主动性

主动性是"六性工作法"的第五性，落实到国有企业管理中是指全体员工要树立先做先行的工作态度，面对"硬骨头"不畏难，提倡先做起来、边干边想，主动研判辨识，用主动性解决日常工作中遇到的问题，用主动性将工作想在前面、做在前面，把握机遇、勇于担当。

牢牢把握战略主动是我们党的宝贵经验和传统优势，当今世界正经历百年未有之大变局，只有牢牢把握战略主动，才能从容不迫应对各种危机与挑战。发扬历史主动精神，是习近平总书记提出的一个重要论断，也是我们党团结带领全国各族人民取得伟大成就的一个重要法宝。党的十九届六中全会指出，"以习近平同志为核心的党中央，以伟大的历史主动精神、巨大的政治勇气、强烈的责任担当，统筹国内国际两个大局，解决了许多长期想解决而没有解决的难题，办成了许多过去想办而没有办成的大事，推动党和国家事业取得历史性成就、发生历史性变革"。被动总是自弱三分，主动才能占得先机，在激烈的企业竞争中，只有扛住压力，先人一步，积极主动思考问题、解决问题、深化改革、实现创新，才能够推动企业发展，保持企业活力，在市场中占有一席之地。

六、辩证性

辩证性是"六性工作法"的第六性，落实到国有企业管理中是指要提升思维能力，克服极端化、片面化，主动提高站位，跳出"自我"思维的局限，更加全面客观地看待、处理问题，这一性是贯穿于整个运用"五性"的过程中的，是一种方法论。

中国共产党的百年奋斗征程，是运用与拓展马克思主义辩证法的过程；我国的国有企业建设历程，也离不开马克思主义辩证法的应用。习近平总书记在十九届六中全会上指出："党中央认为，总结党的百年奋斗重大成就和历史经验，要坚持辩证唯物主义和历史唯物主义的方法论"。辩证思维是"五大思维能力"（即战略思维、历史思维、辩证思维、创新思维、底线思维等）之一，一个人的思维能力越强，就能够胜任更复杂困难的工作，越有助于其个人的发展进步，发展上限也越高，员工在工作能力的不足根源还是在于思维能力的欠缺，是不能将辩证法很好地融入工作实际中的体现。

第二节 六性工作法的操作思路

前文讲述了六性工作法的"六性"，那么，在国有企业党建生产融合的实践中，该如何践行六性工作法呢？首先是党委需要建立"链接"意识。通过讲究思路、方法，端正三种思维（即底线思维、规矩思维、整合思维），把党的理论、概念、要求与实际工作中碰到的需要解决的问题、困难、矛盾"链接"起来。把党员、员工的态度、作风、情绪、氛围调整起来。把工作要求、工作目标、工作效果与党员、员工自身利益结合起来。其次是干部员工要切忌贪多求全，要注重小事，做常做久做实。支部工作已经是最一线了，党员和员工手上的工作就是一件一件的具体事项，因此党员干部要用认真负责态度去做好每件工作，在此基础上，如果还能在各种困难、问题、矛盾面前进一步勤思善思，主动把手上的活做到极致，并且形成习惯，这就是最大的亮点和成绩。最后，领导者在布置工作时要讲究得当的方法，采用的方式方法要能被大多数党员和员工理解和接受。要想实现这点，就必须做到动员大家一起围绕问题、困难、矛盾想办法，在此基础上认真提炼汇总，经过大家再次讨论认可。讨论过程能充分让大家说话，通过讨论能增加大家看问题的角度、提高看问题的高度、丰富管理经验，最终彼此达成统一认识。达成一致意见或是大多数人的意见的决定，执行起来基础就好很多了。

这个过程实际上就是党一贯倡导的从群众中来、到群众中去的优良传统。注重以上几点，就能更好地把握六性工作法，接下来我们介绍一下在六性工作法下党委和党员干部加强党建工作的思路。

一、六性工作法下国企党委加强党建工作的思路

《谏太宗十思疏》有云："善始者实繁，克终者盖寡。"大意是做一件事，开始做得好的人很多，但是把事情做完又做得好的人却很少。这既说明了干成事的艰难，也说明了干成事的可贵。当前，面对外部复杂环境和国内改革发展稳定艰巨任务，要在危机中育先机，于变局中开新局，年轻干部更得鲜明"干成事"的目标导向，苦修"七种能力"，做起而行之的行动者，不做坐而论道的清谈客，要把目光瞄准到解决问题、破解难题上，常抓不懈、严抓不松。不但要有清醒的头脑，也要有解决问题的办法。在全面加强党建工作中，党委要做的主要是通过"六性工作法"理清思路抓好策划，最终实现战略落实落地。

（一）理清总体思路

企业经营管理的思路要准确把握四个"依从性"要求，一是要准确把握创建世界一流企业的战略目标要求，二是要准确把握主责主业定位和巩固核心竞争力的要求，三是要准确把握强化创新和人才两个内在驱动力的要求，四是要准确把握构建新发展局面的要求。对外要勇担当、善作为、强支撑，充分发挥技术、平台、人才优势，支撑企业运维体系创新发展，提升运维效率；对内要建机制、优流程、促改革，不断优化完善管理模式和管理方式，突出管理手段革新升级，坚持向管理要效益，加快推动治理现代化。总的来说就是，基本盘要"稳"，以稳为主、稳字当头；重大工作要"破"，尽快破题、务期必成；支撑保障要"实"，支撑有力、保障到位。

企业党委要以抓落实抓执行抓融合塔形图为指引，以四步法为主要机制，以约法三章为总要求，作风建设以实为首，以本质安全型企业建设、标准化良好行为企业建设以及进一步做实技术监督为提升各项管理水平主要载体，以部门业务专业布局、一人一策为切入点提升干部员工综合素质，以党委履行监督问责主体责任，统筹推进年度考核任务、重点任务和改革发展任务。以全面系统的眼光把

握关联性，统筹谋划发展支撑、本质安全、创新驱动、管理升级、强根固魂五个方面工作。

（二）抓好总体策划

一是要把讲政治落到实处。在这个过程中，首先，要发扬好主动精神，针对习近平总书记的讲话、中央的文件以及上级领导的讲话要求、下发的文件精神，我们首先要第一时间主动去思考，把上级到底希望我们做什么想清楚、弄明白，这些要求能够和当前负责的那些正在做的工作有机关联融合，关联点、融合点在哪里；第二，要想清楚具体怎么干，干哪些事，有哪些是刚性要求或者说规定动作，有哪些是要结合实际创造性贯彻落实，这样干有什么好处，那样干有哪些欠缺，等等，这些我们都要谋划清楚；再次，在具体干的时候，也就是落实阶段，要真正地去做、真正地去执行，还要闭环管控，还要不断回顾评估，针对出现的问题及时纠正调整；最后，还要抓好总结，总结经验教训，为了下次可以干得更好。这样不断 PDCA 循环，尽全力把事情一次做好，这也就是讲政治，也就落实了要由"做没做"向"好不好、实不实、效果怎么样"转变的要求，也是落实了"雷厉风行、严勤细实"的要求。

二是要把目标导向放在第一位。把策划工作放在首要位置，把上级的思路、要求吃透吃准，要用"上级或者领导希望你干什么、而不是自己想干什么"的思维和理念去系统谋划明年的工作，并将学习策划的结果反映在部门思考上，不断进行更新完善，同时带动部门全员承接制订自己的"一人一策"。

三是要将策划具体落实到日常经营管理活动中。在工作实践中，为了加强管理体系顶层设计，推动企业管理持续迭代升级，全面增强基层的执行力和活力，有效激发各层级的工作积极性和创造性，我们探索出了"塔形图""四步法"，按照业务、职责、人才和管理的套路推进工作，将党建、监督、考核、评价努力融入业务发挥作用，用"约法三章""三不四讲"规范约束干部员工的一言一行，同时运用六项管理机制（业务流、责任流、评价流、考核流、监督流），形成全方位融合联动机制，并按照标准化的理念全部规定清楚怎么做、做到什么程度、有哪些边界，最后通过周计划的载体逐项抓落实、抓执行，避免出现"各唱各的""你说你的，我做我的"。

（三）战略落实落地

在抓落实抓落地上主要围绕中长期发展战略，要做到"下细功夫、苦功夫、深功夫"，具体内容包括三点：

一是厘清关系，把握关联性。要求我们在学习领会顶层设计时，弄清楚战略落地与一体化创先的关系、子战略与职能战略的关系、业务管理体系与作业标准体系的关系、创先工作与所在企业"解难题、出成果、育人才"的关系等，尤其要引导干部员工充分认识一体化创先进的本质就是革新理念、提升管理水平，既要使同质业务更加规范，又要充分尊重所在企业性质、吸纳基层首创，关注管理末梢，使一线管理更有针对性和富有效率，各尽所能、各司其职，实现企业资源使用效益的最大化。

二是责任根治，抓住实效性。在解决好认识统一后，在抓落实过程中必须根植责任意识，当前应重点解决对"责任"全面理解和认识提升这个问题。一名基层干部的责任，不仅是对自身负责，还应对所在企业负责；不仅对工作指标负责，还要对工作质量和效果负责；不仅对要做什么负责，还要对怎么做即方式方法的选择负责。

三是分辨核心，注重针对性。要把树立正确的责任观和建立良好的责任意识作为当下抓班子带队伍的核心内容，作为全体党员干部发扬模范带头作用的主要内容，这样我们才能把该做、想做、能做的区分好、整合好，才能在抓实、再抓实的过程中不仅出成效，还能培养锻炼出忠诚能干的人才。

二、六性工作法下国企党员干部加强党建工作的思路

企业党员干部最大的特点是想干事，但是在具体工作中面临的主要问题是缺乏指导干事的方法论，对"为什么抓党建、抓什么、怎么抓"思考不透。为此，建议以"找方法、搭框架、建机制、抓链接、强管控、重评价"的路径全面加强党建工作。为此，建议在把握六性工作法这种方法论的基础上，按照"搭框架、建机制、抓链接、强管控、重评价"的路径全面加强党建工作。

"搭框架"对应依从性，就是建立完善党委塔形思路布局，系统阐释上级核心要求与企业党委工作目标、核心要求、重点抓手的内容及关系，使之成为党员

了解党委的说明书，领导干部履行"一岗双责"的指导书，党支部落实工作的应用指南。"建机制"对应针对性，就是以"两本手册"为指引，梳理现有工作机制载体，形成学习保障、服务员工、监督检查、发现解决问题和自身建设五大机制，在分类清晰、导向明确的同时，确保对上级党建重点工作"五位一体"内容的无缝承接。"抓链接"对应关联性，就是开展党委书记、政工部门、支部书记、支委的"四方会谈"，逐一协助支部建立党建工作与企业工作的有效链接，打通执行末梢的观念壁垒，解决"最后一公里"问题。"强管控"对应实效性，就是除对重点任务和临时任务的分类管控外，还要在各支部编制重点工作清单，聚焦问题，制定措施，拟订目标，确定评价标准，并在支部范围公开。"重评价"对应实效性，就是形成支部工作考核、支部书记多维度评价和支部书记年终述职有机结合的支部书记评价考核体系，体现"抓书记"力度。此外，在"搭框架、建机制、抓链接、强管控、重评价"的全程都要注重发挥主动性和辩证性，承担责任、主动作为，通过多角度看待同一个问题激发创造力。

第三节　六性工作法的价值

一、源自百年党史，从历史中汲取智慧

习近平总书记曾经说过："历史是一面镜子，鉴古知今，学史明智。"中国共产党就是一个善于不断通过回顾和总结来深化对发展规律的认识，善于从历史经验中找到解决问题的方法和智慧，善于用历史经验来指引未来前进道路的成熟政党。学习党史是推进我们党和国家各项事业蓬勃发展的必修课，在加强国有企业党建工作的建设中，在促进国有企业党建生产融合的实践中，也离不开对党史的深入研究。

随着党建工作的活力不断增强，在党建工作和生产经营的融合问题上，各国有企业已经达成了"要融合、想融合"的共识，但随之而来的问题就是没有一个很好的办法告诉大家该"怎么融"。在解决"怎么融"的问题上，笔者注意到可以将党史与国有企业党建工作相联系，党的发展建设历程已经是一个很好的成功案例，而党史就是学习如何成功的课本，要想成功将"两张皮"拧成"一股

绳"，就应该深入学习党史、接受党史学习教育，以党史作为依据发掘"怎么融"的方法论，从根本上保证了方法论的先进性。

"六性工作法"正是笔者从研究党史中得到的启迪，"六性"均根植于百年党史的历史实践，其中蕴含的坚持党的领导、抓住主要矛盾和矛盾的主要方面、解放思想实事求是、用发展的眼光看问题、整体与部分相互联系相互作用、发挥主观能动性等思想都经过了党的百年奋斗历程检验，是党的智慧的结晶。

二、扎根日常工作，从实践中提炼经验

国有企业党建工作应该源于实践、融入实践、指导实践，也就是说要从实际工作出发，针对工作中遇到的具体问题来提高党建工作的创新性，在梳理好业务流程、体制机制、岗位责任等后，思考党建工作与其的对应性，做到党建生产的高度融合，当企业运转中遇到难以解决的问题时，也可以从党建工作的经验中寻求答案、获得灵感。

脱离实践的党建工作就是无源之水、无根之木，最终将与企业经营管理脱离成为"空中楼阁"。目前很多国有企业的党建工作就具有实践性不足的情况，导致党建生产脱节甚至党建工作流于形式。笔者从多年工作实践中探究出"六性工作法"，"六性工作法"天然具有"从实践中来"的优点，因此可以很好地用于指导实践。"六性工作法"不仅总体策划和顶层设计，还强调落地落实、细节把握和评估考核。在加强作风建设、加大人才培养、深化改革创新、推进安全生产、建设全面质量管理制度和提高全员安全风险意识等日常工作实践中，从依从性、针对性、实效性、关联性、主动性、辩证性等"六性"出发，结合"塔形图工作思路法"和"四步法"，就能将工作系统化、全面化、可操作化。

三、服务党员干部，从思想上转变观念

党员是党组织的力量之源，是党的先进性纯洁性的具体体现。党建具有的独特优势能够引导广大国企党员强化先锋示范引领，撸起袖子加油干，推动国企发展。新中国成立初期，"铁人"王进喜、"党的好干部"焦裕禄、"两弹元勋"邓稼先等先进人物在各自的岗位上挥洒汗水、发光发热就是很好的示范。

六性工作法可以做到用"六性"提升"六力"，即用依从性提升政治能力，

用针对性提升业务技术能力，用实效性提升管理能力，用关联性提升整合能力，用主动性提升承压能力，用辩证性提高思维能力。运用"六性工作法"能够推动形成从上到下讲政治的良好风气、增强党性修养，切实将党的领导融入国有企业治理的各个环节。党员干部要从思想深处提高政治觉悟、责任意识、担当意识、廉洁意识，不断提升自身综合素质，全面增强干事创业本领，全力推动企业高质量发展，切实做到守住底线不触红线，深入贯彻各级党委的总体决策部署，发挥党员干部的先锋模范作用。

第四章 "六性工作法"与国有企业效率提升

正确运用"六性工作法"可以从多方面大幅提高国有企业的管理效率。

从管理机制与服务职能来看，制定塔形图时需要将六性工作法中的"六性"融入目标层、核心层、执行层和支撑层；将党的领导融入生产时，依从性要求坚持提高政治能力，坚定捍卫"两个确立"、坚决做到"两个维护"，针对性要求坚持党管干部、党管人才，培养造就组织需要的高素质人才队伍，实效性要求坚持大抓支部、大抓基层，构筑坚强战斗堡垒，关联性要求强化思想引领，充分营造上下同欲心齐气顺的奋斗局面，主动性与辩证性要求坚持自我革命，营造风清气正的良好政治生态；将法规制度融入生产时要做到以针对性、实效性为抓手落实法治建设第一责任制，以实效性、主动性为要求常态推进内控管理，以依从性、实效性为准则夯实合同管理。

从反腐廉洁与作风建设来看，在创新党风廉政建设上，依从性要求要抓学习教育，辩证性要求要抓思路方向，针对性要求要抓重点难点，实效性要求要抓督促落实，关联性和主动性要求要提高三个认识；在巡视巡察工作上，依从性要求服务大局，做好企业自身定位，实效性要求实事求是，树立正确政绩观，针对性要求重点发力，及时沟通交流，关联性要求抓住关键，增强系统意识，主动性与辩证性要求严以判断，聚焦三个真假。

从团队提升与人才培养来看，依从性要求强化大局意识，提升政治能力，针对性要求强化导向意识，提升专业能力，实效性要求强化责任意识，提升管理能力，关联性要求强化协同意识，提升整合能力，主动性要求强化担当意识，提升承压能力，辩证性要求提高两面性，增强思维能力。

从深化改革与科技创新来看，依从性要求适应改革新形势的新要求，针对性要求突出重点问题解决举措，实效性要求推动科技创新成果落地落实，关联性要求统筹规划加强科创工作深度融合，主动性要求直面困难跟进新变化新需求，用好指挥棒促进科技创新。

从基建工程与统合综效来看，依从性要求为国家新发展夯实基础，针对性要求社会效益最大化和安全风险影响最小化，实效性要求推动基建管理水平不断提升，关联性要求统合综效促使基建各关联方收益最大化，主动性要求利益最大化地推动知责明责履职尽责，辩证性要求反向挖掘提升空间。

从识变应变与网络安全来看，依从性要求明确目标形成合力，针对性要求集中优势力量，实效性要求以目标为导向，关联性要求激发干事创业热情，辩证性和主动性要求掌握不足持续助力提升。

从集聚效应与项目管理来看，依从性要求充分发挥效力，针对性要求集中力量做大事，实效性要求规范化提质增效，关联性要求统筹推进物资预算，辩证性要求自查不足继续提升，主动性要求积极协助跟进指导。

第一节　管理机制与服务职能

为了加强管理体系顶层设计，推动企业管理持续迭代升级，全面增强基层的执行力和活力，有效激发各层级的工作积极性和创造性，我们探索出了帮助做好总策划"塔形工作思路法"和能够疏通体制机制的"四步法"，并探索了"六性工作法"下如何将党的领导融入生产、如何将法规制度融入生产。

一、塔形工作思路法与四步法

企业抓落实抓执行抓融合的总策划可以用塔形图来描述。一个完整的塔形图包括目标层、核心层、执行层和支撑层四层，制定塔形图时需要完整考虑六性工作法中的"六性"。为了更好地理解塔形图工作思路，下面以某能源研发和生产型企业为例进行分析（见图4-1）。

首先是目标层，主要体现依从性和辩证性。该企业围绕企业建设具有全球竞争力和落脚点都要对标一流和先进，核心是通过创新来实现一流的本质安全型企业，既实现自身本质安全，同时支撑主网架本质安全（即注重企业自身发展的安全和支撑业务的安全）这一个政治目标确定了做强做优两项实力这个攻破点。

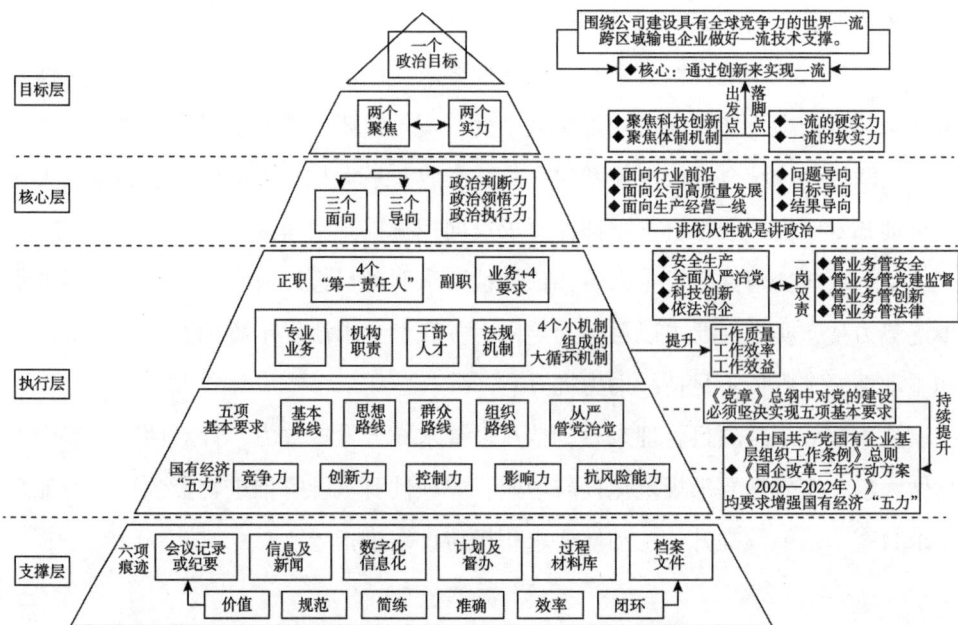

图 4-1 塔形工作思路法示例

"两项实力"即硬实力和软实力，所谓硬实力是指要聚焦企业自身具备的硬件（包括基地、实验室、平台等），所谓软实力是指要聚焦干部人才党员三支队伍建设体制机制创新和各项管理工作创新，"两项实力"这是企业核心竞争力和驱动力，必须要有一流的先进的意识去衡量正在做的每件事、做实企业的软硬实力。

其次是核心层，主要体现依从性、针对性和关联性。为了实现企业目标，该企业以"三个面向"和"三个导向"作为企业职能定位的核心。做强做优做大企业，第一要面向生产经营一线（即主网架安全稳定）需要，第二是面向上级高质量发展即深化改革需要（上级发展目标需要），第三是面向行业前沿即科技综合实力提升需要。与此同时，要以问题导向、目标导向、效果导向，持续提升政治判断力、政治领悟力、政治执行力。

再次是执行层，主要体现主动性。该企业围绕四个第一责任人职责和对照业务"+4"要求，做好管业务管安全、管业务管全面从严治党、管业务管创新、管业务管法律，实施专业业务梳理、机构职责梳理、干部人才梳理、法规流程梳理四个小机制组成的大循环动态管理机制实时高效运作，切实提升工作质量、工作效率和效益。此外，该企业还确定了五项基本要求、五个思维、五力。按照《党章》总纲中对党的建设必须坚决实现五项基本要求（基本路线、思想路线、群众路线、组织路线、从严管党治党），强化战略思维、创新思维、辩证思维、法治思维、底线思维，持续提升企业及干部人才的创新力、竞争力、控制力、影响力和防范化解风险能力这五力，从而将新发展理念深入人心、植入各项工作之中。

最后是支撑层，主要体现关联性和实效性。该企业强调各项工作都要留好工作痕迹，具体形式包括会议记录或纪要、信息及新闻、数字化信息化、计划及督办、过程材料库和档案文件等六种，通过保留各个领域有价值的痕迹，可以规范党员干部员工行为，提高准确性、提升工作效率，实现闭环。

针对体制机制方面的问题，可以用解决问题四步走的工作机制来稳步承接企业改革发展相关要求，统筹资源，把难题分段化整为零，积极稳妥有步骤给予解决，"四步法"概括起来就是：业务梳理—机构职责梳理—人员梳理—机制制度梳理。

具体来说，第一步是做好现有业务专业的全面系统梳理，包括未来新业务的布局。第二步是根据业务和专业需求，调整企业机构设置和职责边界。第三步是根据新的部门、班组设置调整人员布局。第四步是建立健全或调整完善相关体制机制，以此不断循环；下大力气、投入更多精力，抓好标准化良好行为企业建设工作，要求全员参与，下决心以此为契机，全面系统对企业基础管理来一次大的梳理和清理，不仅要解决类似体系建设中存在的最后一公里问题，而且还要结合制度简明化工作，将权责清单落实于制度，实现授权到岗等相关工作要求。

二、发挥好职能服务

职能部门在组织体系中具有特殊的定位和功能，是一个组织能够持续有效运作和具有强大生命力不可或缺的功能子系统。

从服务对象看，职能部门提供服务的对象是整个企业目标的实现，而非服务于某个部门。职能部门的角色定位在于通过自己的专业知识或技能，为目标的实现提供强大的动力支持。

从服务的内容和性质看，职能部门的功能不是简单、被动地服从和服务于其他部门的需要，而是根据企业的战略目标，利用自己的专业知识和技能，为企业整体需要提供职业化服务，具有专业性、公共性和前瞻性。职能部门的服务在企业整体基础上必须具有相对独立的价值判断。在一定的时间、空间和有限的资源条件下，企业整体利益目标和个别部门利益目标有时并非完全重合，这时需要职能部门站在全局角度，作出相对独立的判断，保障企业始终在正确的轨道上高效运行，从而保障整体利益和战略目标的实现。换言之，它关注和追求的应该是整体利益目标，而不是各个部门利益的简单集合。在某种意义上，职能部门就像家庭医生，"有病治病，无病强身"，不但要弥补组织缺陷，规避管理风险，更重要的是要通过专业知识增强组织抗病能力，使组织肌体更加健康，具备强大的战斗力。这些都需要职能部门站在一定的超然地位，以独立的判断、前瞻的眼光提供职业化的服务。

从服务的形式和手段看，任何一家企业，无论企业文化如何健康、员工素质如何高尚，总难免有人违反规章制度。当个人或个别部门违反规章制度时，就需要职能部门去审查、去纠正，甚至去惩罚，以恢复正常的管理秩序，重新树立正确的价值导向。这种审查和纠偏行为既是一种管理，又是一种服务，是管理和服务的统一。因为制度是企业整体利益和最高意志的体现，任何人违反制度都是对企业整体利益的损害。职能部门通过对违反制度行为的有效防范和风险规避，可以有效降低违规几率、避免和降低风险损失；通过对违规行为的审查和实施惩罚，对违规行为进行纠正，从而保证了整体利益和战略目标的实现，保证了企业组织肌体的健康，同时也是对其他遵守规则的部门和个人的"服务"，这时的服务就带有鲜明的管理性质。当然，这种管理并非说明职能部门地位多高，权力多大，而在于它代表法律和制度的尊严，代表的是秩序和规则，是企业整体利益的体现。

三、将党的建设融入生产

高质量的党建才能引领和保障高质量的发展，要把党的领导融入企业治理的全过程才能充分发挥党组织的政治核心作用。在国有企业管理中继续深化党史学习教育和国企党建会精神落实成果，以更鲜明的立场坚持党的领导，以更坚定的决心加强党的建设，全力抓规范、抓融合、抓监督，不断提升党的建设质量，为企业改革发展提供坚强保证。

（一）依从性：坚持提高政治能力，坚定捍卫"两个确立"、坚决做到"两个维护"

巩固拓展党史学习教育成果，认真贯彻"第一议题"机制，严格落实"会前制订、会上研究、会后督办"工作要求，不断用习近平新时代中国特色社会主义思想武装头脑，在学思践悟中统一思想、统一行动。扎实抓好"三级工作会议"精神宣传学习，把上级党组织的政治考量和决策部署融入到工作要点、两表以及行动计划的制订实施中。不折不扣在执行上下功夫，坚定落实好周计划管控机制，推动各项任务从上到下一贯到底，打通落地执行"最后一公里"。围绕周计划任务，建立党史学习教育成果评判机制、闭环管控机制、监督机制、绩效考评机制，推动由"做没做"向"实不实、好不好"转变，让全员讲政治由外部要求转化为内在主动，坚定捍卫"两个确立"、坚决做到"两个维护"。

（二）针对性：坚持党管干部、党管人才，培养造就组织需要的高素质人才队伍

认真贯彻新时代党的组织路线，把干部本领建设作为重中之重，围绕政治能力、治理能力、履职能力加强干部培训培养，在急难险重任务中给平台、压担子。组织开展干部竞聘，让能者上、庸者下，完成青苗库、经营管理人才库选拔，形成结构合理的经营管理人才队伍。全面加大干部监督力度，制订落实企业党委加强干部监督实施意见的本地化举措，形成管思想、管工作、管作风、管纪律的从严管理体系，突出抓好年轻干部监督。发布专家管理规定，制定专家绩效考核方案，建立专家作用发挥督促检查机制，推动提高发展贡献度。落实落细"一人一策"培养机制，完善岗位胜任力评价方法，提高人才培训培养成效。

（三）实效性：坚持大抓支部、大抓基层，构筑坚强战斗堡垒

坚持党的一切工作到支部，突出抓基层、强基础、固基本的工作导向，严格落实企业推动深度融合实施方案、各级党委抓党支部建设任务清单和党支部议事清单，动态更新"两库一指引"，完善三本台账，探索党支部分类管理机制，加

强党务干部培训,确保各项"规定动作"不折不扣落实到位,推动"两个责任"一贯到底。严格执行党支部战斗堡垒作用、党员先锋模范作用评价指引,修订完善企业党支部考核评价方案,不断强化考核"指挥棒"作用。开展党员身边无违章无违纪活动,充分发挥先进典型示范带动作用。认真抓好统一战线工作,严格落实上级有关机制举措。坚持党建带团建,深入推进"青马课堂""青年讲师团"品牌建设,开展庆祝建团100周年系列活动,时刻关心青年、服务青年,引导青年勇担使命接续奋斗。

(四)关联性:强化思想引领,充分营造上下同欲心齐气顺的奋斗局面

建立党史学习教育长效机制,推动全体干部员工不断用党的创新理论武装头脑,用党的百年奋斗经验增长智慧。注重通过党委会、中心组学习、支部主题党日等加强理想信念教育,不断增强干事创业的信仰信念信心。坚持党管宣传,聚焦干部员工攻坚克难的点滴事迹,进行深度策划、专题报道,不断拓宽宣传渠道。严格落实意识形态工作"两个体系、三项机制",加强各类阵地管理,从源头强化舆情风险防范和化解。提前布局企业文化示范单位评选,深入推进"1+4"知行文化和班组文化建设,打通文化建设和业务发展的横向链接,以文化育人才、促发展。常态化推进"我为群众办实事""一部门一实招"工作,出台办实事成效评估办法,认真落实党建联系点、基层联系点、党委联系服务专家制度,持续开展"工会主席接待日"活动,抓好职工诉求收集、落实、回复、跟踪全链条管控机制,用情用心用力稳人心、暖人心、得人心。

(五)主动性与辩证性:坚持自我革命,营造风清气正的良好政治生态

对照"七个有之""四种考验""四种危险"系统梳理企业类似表现形式,制订针对性举措,围绕业务流、职责流、任务流以及周工作计划,扎实落实全面从严治党主体责任,坚持好"一岗双责"报告机制。推进监督体系有效运转,深入开展政治监督,保障企业切实发挥"三个核心"作用。认真落实对"一把手"和领导班子的监督,细化监督工作清单,固化机制做法。开展科技领域专项监

督，试点开展专家监督，做实职能监督，从政治上、思想上加大问题剖析力度。强化对党员"八小时之外"的监督提醒，深入推进"三不"机制建设与标准化工作、文化建设工作深度融合。以钉钉子精神严格贯彻中央八项规定及其实施细则、整治"四风"、落实为基层减负各项规定，扎实贯彻企业党委一号文，大力纠治工作照抄照搬、消极应付等形式主义和官僚主义新倾向、新问题。建立以质量、贡献和绩效为核心的科研工作评价机制，推动形成务实科研作风。持续抓好中央巡视整改 2022 年巩固提升工作，扎实开展巡视巡察共性问题、审计问题、各类监督问题整改，强化闭环管控和评估问效。充分运用"第一种形态"强化执纪问责，对工作作风不严不实、工作履职不到位等问题开展提醒谈话，让红脸出汗、咬耳扯袖成为常态，营造风清气正的良好政治生态。

四、将法规制度融入生产

以针对性、实效性为抓手落实法治建设第一责任制。按照企业坚持抓住领导干部这个"关键少数"的要求，以法治建设第一责任人职责落实为关键，一是按照要求定期组织召开企业依法治企小组会议，审议领导干部法治建设年度任务、主要负责人履行推进法治建设第一责任人职责清单等文件；二是每年定期听取法治专题汇报，对法治工作作出明确指导；三是督促和检查领导班子成员按计划完成领导干部法治建设任务，发挥领导干部作为依法治企重要组织者、推动者、实践者的关键作用。

以依从性、关联性为核心健全风险防范机制。一是组织梳理法律法规并融入制度。结合制度简明化、标准化良好行为企业建设专项工作，企业围绕核心业务，组织各部门从法律中梳理出适用性的法律法规，与企业业务指导书、作业指导书进行符合性比对并进行适应性修编，每季度开展企业法律法规库的识别、融入和检查等工作，以确保企业制度与法律法规和上级制度的依从性。二是实施法律风险防控措施。针对企业业务特点、历年风险事件，梳理各业务领域涉法业务事项，编制《企业法律风险防控工作表》，有针对性地制定法律风险及防范措施，确保企业全年不发生造成经济损失的法律风险事件。三是将法律风险管控关口前移。要法律人员在业务纠纷前期介入，与业务部门联合组成内部法律纠纷小组会议讨论形成处理意见，必要时由律师出具相关法律意见书。

以实效性、主动性为要求常态推进内控管理。一是组织梳理重要内控岗位清单。识别重要内控岗位、不相容岗位，对企业的不相容岗位进行自查，编制《企业重要内控岗位清单》，使重点岗位人员明确自身业务的内控合规义务。二是开展授权到岗工作。编制授权到岗岗位说明书模板，根据业务流程图，组织将管理标准岗位权责固化为岗位说明书。三是常态化开展法律合规审核。落实上级合规指南、企业合规审查事项清单，重点加强企业重大决策涉法事项、业务指导书、合同等的法律合规审核，培养业务部门履行风险第一道防线的意识和习惯。四是开展内控监督评价工作。组织开展企业年度内控评价和年度重大风险评估工作，根据《内控管理手册》，围绕企业重点业务、关键环节和重要岗位，识别内控缺陷。

以依从性、实效性为准则夯实合同管理。一是严格合同签订管理，将合同评价指标纳入企业组织绩效考核严格管控，按季开展企业合同管理通报工作。二是严格合同履约管理，按月发布《企业合同签订及履行情况登记表》。三是加强合同标准文本管理，通知合同承办部门并指导承办人员主动识别并应用合同标准文本进行合同订立等，发布了《搜索标准合同文本指引》，提高合同标准文本使用率。

第二节 反腐廉洁与作风建设

形式主义、官僚主义、享乐主义、奢靡之风这"四风"问题会严重损害党在群众心中的形象，是党和国家事业发展的大敌。作为我国重要物质基础和政治基础的国有企业，也必须深入贯彻习近平总书记关于党的作风建设的重要论述精神，意志坚强纠"四风"树新风，以良好的作风建设、企业文化、干部精神为履行党和人民赋予的历史使命提供保障。

一、作风建设与国企生产

一是把握党风建设全局，扎实构建惩防体系。党委书记要全面掌握党风建设和反腐倡廉工作情况，领导和支持纪委开展工作，做到"五个亲自"，即每周听取纪委工作汇报，及时掌握党风建设和反腐倡廉工作情况，努力做到重要工作亲自部署、重大问题亲自过问、重要环节亲自协调、重大线索亲自批阅、重要信访亲自督办。纪委要坚持纪检监察工作紧紧围绕企业工作，认真履行监督职责，推进反腐倡廉建设，努力构建具有企业特色的惩防体系，为确保企业健康发展提供了坚强的纪律保证。具体可包括以下几个方面：第一，以深化廉洁风险防控机制建设为抓手，扎实开展从业禁区梳理和教育工作；第二，严格执行"三重一大"决策制度，所有重大决策受到监督；第三，开展重点领域和关键环节监督工作；第四，抓督促落实，基础工作更加规范；第五，建立工作周会制度，强化日常工作督促落实；第六，按季度总结检查，梳理并部署后续重点工作；第七，发挥职能监督、审计、纪检监察等大监督作用；第八，加强纪检监察队伍素质能力建设。

二是加强廉洁教育培训，严格把关作风建设。加强廉洁教育培训，包括四个方面：第一，高度重视并组织领导班子定期开展反腐倡廉教育学习；第二，要求领导班子要从思想政治上坚定讲政治守纪律、令行禁止、顾全大局；第三，有条不紊、大力开展廉洁教育活动，可通过上党课、观影警示教育片、发放廉洁教育书籍；第四，印发《员工从业禁区教育手册》，组织创作廉洁从业文化作品，签订《反腐倡廉岗位责任通知书》《领导干部配偶助廉承诺书》《党员及身边三无责任书》等。在严格把关作风建设上，首先要做到下定决心纠正"四风"，抓出习惯，抓出长效。党员领导干部既要有坚定走中国特色社会主义道路的信念，更要胸怀共产主义的崇高理想。其次，在推进并做好每一项工作过程中，要按照"三严三实"要求，切实解决好世界观、人生观、价值观这个"总开关"问题；要树立正确的政绩观，充分认识抓好党建的极端重要性，增强抓好党建的定力，旗帜鲜明地抓好党建工作，要把全面从严治党责任承担好、落实好，坚持党建工作和企业工作一起谋划、一起部署、一起考核，切实抓好打基础利长远的工作；要发扬钉钉子的精神，切实把工作落到实处；要坚持正确用人导向，切实引导广大干部真抓实干。

三是端正思想融入日常，纠正认识管好个人行为。第一，在价值观上要做到三个新常态，即要把心中有党，实在做人、做事作为新常态；要把心中有戒，严于律己、严于修身作为新常态；要把心中有民、心中有责作为新常态，要有作风建设永远在路上常态认识。第二，融入日常抓在经常，包括做好监督工作，经常拉拉袖子、提个醒，让大家尽量不犯错误，防止人由犯小错误变成犯大错误，使得好人不要变成坏人"；对不收敛、不收手的腐败分子要坚决惩处；做好教育转化工作。第三，从上到下都要做到四个坚决纠正，即坚决纠正信心不足的错误认识、坚决纠正小节无妨的错误认识、坚决纠正与我无关的错误认识、坚决纠正"企业特殊"的错误认识。第四，要管好个人行为。首先要"管住脑袋"，勤学多思、深化认识，提高政治鉴别力、敏锐性，强化党性修养，不在政治纪律、政治规矩方面出现"硬伤"和"内伤"。其次要"管住嘴巴"，多说党的话，不妄议中央，不信谣传谣，不散播与中央精神不一致的消息、言论。再次要"管住手脚"，不该拿的东西不拿，不该签批的事项绝不"高抬贵手"，不该去的地方不去。最后要"管住亲人"，约束好自己的同时，严格要求身边人、家里人，不搞团团伙伙、利益输送、结党营私。

二、"六性工作法"与创新党风廉政建设

（一）依从性：抓学习教育

首先要高度重视学习教育，领导班子带头示范。企业党委要将领导人员的反腐倡廉教育作为重点工作抓牢、抓实，将领导人员反腐倡廉教育学习纳入企业党委中心组理论学习计划，确保对企业各级领导人员的反腐倡廉教育保持常态化机制。利用好企业党委中心组定期理论学习这个平台，每次学习均安排有学习心得交流环节，并指定了发言人，确保每季度的反腐倡廉教育的学习质量。

其次要有条不紊大力开展廉洁教育活动。根据上级廉洁教育要求，企业党委要高度重视，组织对口职能部门相关人员认真研究，制定并下发了活动方案，确保规定动作不走样，自选动作扎实有效。在上级要求规定开展教育活动外，结合自身反腐倡廉教育工作实际开展了"三个一"活动：即开展一次反腐倡廉教育专题党课；开展一次领导干部和关键岗位廉洁从业禁区梳理；开展一次领导干部配偶助廉宣传教育活动。活动期间，组织领导干部利用党委中心组理论学习的机会，集中学习《关于实行党政领导干部问责的暂行规定》《中央企业贯彻落实〈国有企业领导人员廉洁从业若干规定〉实施办法》《违反〈国有企业领导人员廉洁从业若干规定〉行为适用〈中国共产党纪律处分条例〉的解释》等规定制

度。为加强警示教育，组织领导干部集中听取中纪委反腐倡廉专题辅导报告会，观看廉洁自律专题宣教片，撰写心得体会等。

最后要注重自我提高，不断加强政治理论和业务知识学习。领导班子要主动熟悉企业各业务面情况，前往联系点进行调研，深入一线班组成员开展现场工作的情况，不断深入了解各专业面的特点。通过不断的学习和调查研究，领导人员能够开阔思路、丰富专业知识，从而对企业定位有更清醒的认识。

（二）辩证性：抓思路方向

一是要加强调研。深入一线了解基层工作实际情况加强了与一线职工的交流，了解了他们的工作内容、工作状态和工作流程，与广大青年职工拉近了距离。

二是要结合实际，不断思考工作努力方向。了解目前企业干部职工队伍状况，针对关键岗位从业人员队伍较年轻，各方面经验较缺乏，廉洁自律意识还不够强，自觉防控廉洁风险的能力还很不足的情况，可部署领导干部和关键岗位从业人员的从业禁区梳理工作，密切结合企业岗位实际，从必要性和实用性着手，拉起从业的红线，加强从业禁区教育，逐步形成具有企业特色的廉洁风险防控机制。

（三）针对性：抓重点难点

首先要以深化廉洁风险防控机制建设。一是企业党委要高度重视，联合纪检监察及审计岗位专责人员，由多岗位"协作反腐"向整合力量"整体防治"转变，以岗位职责为基础，根据各级有关规定，努力使梳理结果具有较好的针对性、实用性和指导性。对从业禁区梳理思路、梳理方式、构成结构和表现形式进行层层剖析、调整和审议。经过调整并广泛征求有关岗位人员意见后，共梳理出领导班子从业禁区内容；梳理出涉及人事劳资、非招标采购、合同管理、项目管理、工程管理、工程验收、财务管理等岗位从业禁区内容。二是从业禁区梳理及建立工作可继续以"梳理—排查—整治—滚动更新"的思路进一步铺开。以全面加强领导干部和关键岗位人员的从业禁区教育，强化各级人员廉洁风险辨识力，明确"什么能为，什么不能为"，让干部职工在行权、管钱、用人、办事方面

"常记陷阱之险，常怀律己之心，常除非分之想"，有效提高管理规范化水平，形成领导干部和关键岗位人员廉洁从业的长效机制。

其次是要严格执行"三重一大"决策制度。企业应严格执行上级"三重一大"决策相关制度要求，所有决策事项均以会议的形式作出集体决策，主要为党委会、党委（扩大）会议，党政联席会，预算管理委员会会议。会议符合规定人数，经充分讨论并分别发表意见，主要负责人按规定在最后发表意见，未有存在严重分歧事项。"三重一大"决策会议决定的事项、过程、参与人及其意见、结论等内容，都有完整、详细的会议记录并存档备查，确保了"三重一大"决策的科学民主。一方面针对"三重一大"决策报备制度，可加大宣传力度，深化各级人员对"三重一大"决策的认识；另一方面为强化对"三重一大"决策和执行的监督，除国家法律法规规定的保密事项和企业机密外，企业"三重一大"决策及其执行情况可在一定范围内通过一定形式进行公开，接受职工群众的监督，保障了企业员工的知情权和监督权，保证了"权力在阳光下运行"。

此外，还要开展重点领域和关键环节监督工作。针对当年拟完成重点大修技改项目效能监察和固定资产投资建设等重点项目进行监督检查，对项目预算申报、实施方案进行可行性分析和执行情况督导。

最后要开展专题审计和审计整改专项工作。按照上级审计有关要求，结合企业自身审计活动有关部署，总结以往审计项目经验和不足，编制当年审计工作计划和专项审计方案。

企业领导班子要高度重视专项审计工作，要求严格按照上级有关要求和审计规定，组织实施专项审计工作。为确保审计专题工作顺利开展，要成立审计领导小组，负责此次专题审计的统一领导、研究部署、统筹安排、计划和组织工作。此外，在领导小组下设审计工作组，以审计部门负责人为组长，集合审计、大修技改、合同管理、财务、档案等多专业人员，形成审计合力，全面负责本次审计的执行实施。同时，高度重视审计整改专项工作，将审计发现问题与审计整改放在同等重要的位置，根据专项审计和日常审计情况，实施更新审计整改滚动台账，制定整改措施，确立整改责任人及节点，确保整改工作落到实处。

（四）实效性：抓督促落实

一是及时总结检查，梳理部署后续重点工作。召集企业职能部门相关负责人、相关管理人员，对后续纪检监察及审计工作进行了全面梳理和检查指导。同时将重点关注的几项问题与在场同志进行座谈交流，收集可行意见，给大家坚定信心，确保全年各项工作可控在控。

二是建立工作周会制度，强化日常工作督促落实。可根据实际，在各专业口内建立起了工作周会制度，每周定期召集相关人员就上一周的工作重点及进度进行陈述，并对本周工作的安排逐一说明，遇到任何问题，随时进行讨论研究，加强指导和督促落实，确保各项日常工作有序推进，有的放矢。

三是加强纪检监察队伍素质能力建设。通过每周例会的交流，做好纪检监察岗位人员培养，使纪检监察人员从思想政治上坚定讲政治守纪律、令行禁止、顾全大局，能够树立终身学习的意识，不仅刻苦学习专业知识，而且要更新优化知识结构和知识储备，提高高质量高效率完成工作的能力。另外，要通过廉洁自律教育月等教育形式和各类主题实践活动，在教育广大干部职工的同时，更要增强自身践行为民、务实、清廉的要求，自觉树立正确的名利观、是非观，讲操守、重品行、树正气，堂堂正正做人、公公正正处事，经得起组织和群众的考验。

（五）关联性和主动性：提高三个认识

第一，落实全面从严治党要求，关键在两个书记。主要指党委书记和纪委书记，广义上还包括党委副书记、党总支书记、支部书记等。"书记抓、抓书记"是中央确立的党的工作总抓手，党委书记作为党组织的负责人，必须牢固树立党建主业的意识，全心全意抓党建；纪委书记不能简单把自己等同于一般副职，既要监督同级班子成员，也要监督好下属各级领导干部。要切实解决好不会管、不想管、不敢管的问题。企业各层级的党委、党支部书记，立场要坚定、头脑要清醒，决不能犹豫和含糊。应该发现问题没有发现就是失职，发现了不报告、不处置就是渎职。第二，落实党风廉政建设责任，不在清单在担当。"落实主体责任不需要再发文件，关键是敢不敢、愿不愿意把这个责任真正担起来"，这是中央的态度。第三，党委巡察是手段，彰显的是决心。上级单位成立党委巡察组织机构并配齐干部，是新形势下上级党组织加强反腐倡廉工作的创新之举。巡察组织机构重点巡察选人用人、物资采购、资金使用、落实中央八项规定精神等方面的情况。

三、六性工作法与巡视巡察工作

巡视是党内监督的重要方法,坚持问题导向和效果导向相结合,能够真正做到切中要害,并激发党员干部员工队伍的积极性、主动性和创造性。在国有企业管理中,也可以学习巡视巡察的工作方法。

(一) 巡视的主要步骤和方法

中央巡视流程如图 4-2 所示。

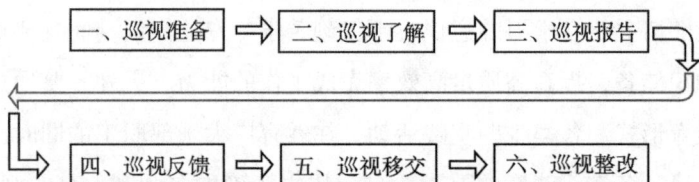

图 4-2　中央巡视流程图

一是巡视准备,8 个步骤如图 4-3 所示。①明确巡视任务、调配巡视人员。包括明确巡视对象;明确组长、副组长人选;明确任务分工;制定巡视工作方案;一次一授权;调配巡视人员。②动员部署。包括召开动员部署会;引发巡视通知;申报回避事项。③学习培训。包括集中培训和专题培训。④组内建设。包括调整组务会;明确组内工作机制;召开巡视组党支部党员大会、党支部委员会。⑤通报情况。包括商请通报情况;召开情况通报会;提供上一次巡视材料;与中央纪委国家监委分管领导单独沟通。⑥部署组内工作。包括收集情况;研究重点问题;制定工作实施方案;强化纪律要求;落实安全保密措施。⑦起草进驻材料。包括起草组长讲话;起草领导小组领导同志讲话;起草新闻通稿。⑧协调巡视进驻。包括报批进驻方案;沟通进驻事宜;协调进驻宣传;驻地和安全保障;汇总上报进驻情况。

二是巡视了解,21 个步骤如图 4-4 所示。包括召开见面沟通会、召开进驻动员会、公开进驻情况、听取汇报、个别谈话、受理信访、抽查核实、询问知情人、调阅资料、召开座谈会、列席会议、民主测评和问卷调查、下沉了解、提请

（一）明确巡视任务、调配巡视人员	（二）动员部署	（三）学习培训	（四）组内建设
1.明确巡视对象； 2.明确组长、副组长人选； 3.明确任务分工； 4.制定巡视工作方案； 5.一次一授权； 6.调配巡视人员。	1.召开动员部署会； 2.印发巡视通知； 3.申报回避事项。	1.集中培训； 2.专题培训。	1.调整组务会； 2.明确组内工作机制； 3.召开巡视组党支部党员大会、党支部委员会。
（五）通报情况	（六）部署组内工作	（七）起草进驻材料	（八）协调巡视进驻
1.商请通报情况； 2.召开情况通报会； 3.提供上一次巡视材料； 4.与中央纪委国家监委分管领导单独沟通。	1.收集情况； 2.研究重点关题； 3.制定工作实施方案； 4.强化纪律要求； 5.落实安全保密措施。	1.起草组长讲话； 2.起草领导小组领导同志讲话； 3.起草新闻通稿。	1.报批进驻方案； 2.沟通进驻事宜； 3.协调进驻宣传； 4.驻地和安全保障； 5.汇总上报进驻情况。

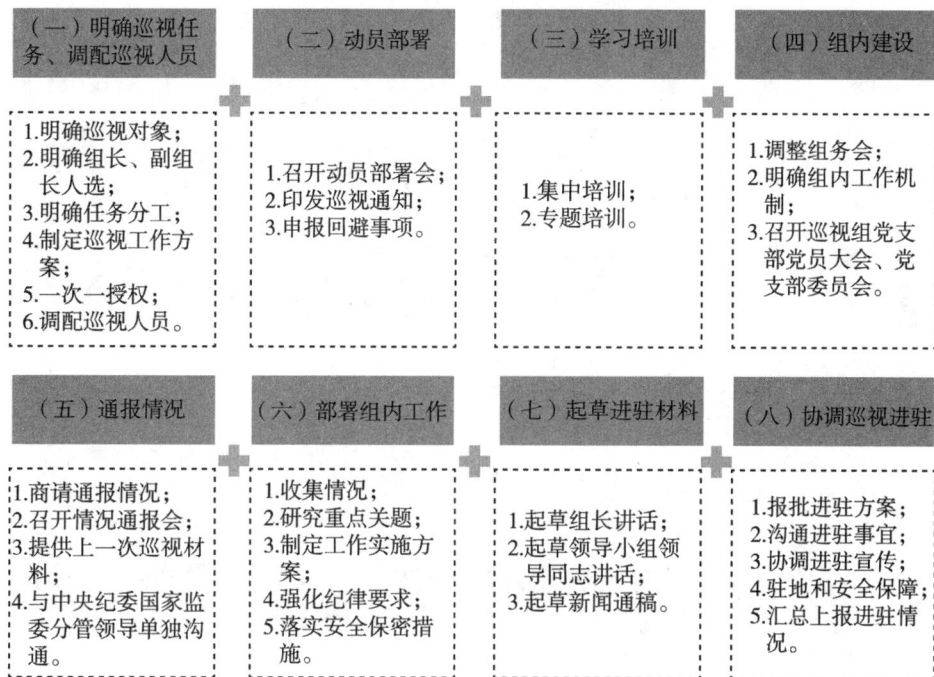

图 4-3　巡视准备步骤流程图

协助、专项检查、制作巡视报告问题底稿、中期调研指导、阶段汇报、立行立改、请示报告和撤离驻地等 21 个步骤。

三是巡视报告，4 个步骤如图 4-5 所示。①提交报告材料。包括提交巡视情况报告；提交专题报告；提交谈话情况报告；提交领导干部问题线索报告；提交领导干部情况汇总。②核报巡视材料。巡视办按照政治巡视要求，结合领导小组有关指示和要求，对报告材料进行核稿，提出修改参考建议。③向领导小组汇报巡视情况。包括筹备领导小组会议；汇报巡视情况；形成会议纪要；落实会议要求。④向中央报告巡视情况。

四是巡视反馈，7 个步骤如图 4-6 所示。①起草反馈材料。包括起草反馈意见；起草反馈新闻稿；起草有关领导讲话等材料。②制订反馈方案。包括报批反馈方案和协调反馈工作。③向被巡视党组织主要负责人反馈。包括参会范围；会议议程；会议材料。④公开反馈情况。包括党内通报；社会公开；汇总反馈情况。⑤抄送反馈意见。⑥向党中央和国务院分管领导、有关职能部门通

（九）召开见面沟通会	（十）召开进驻动员会	（十一）公开进驻情况	（十二）听取汇报	（十三）个别谈话	（十四）受理信访
（十五）抽查核实	（十六）询问知情人	（十七）调阅资料	（十八）召开座谈会	（十九）列席会议	（二十）民主测评、问卷调查
（二十一）下沉了解	（二十二）提请协助	（二十三）专项检查	（二十四）制作巡视报告问题底稿	（二十五）中期调研指导	（二十六）阶段汇报
（二十七）立行立改	（二十八）请示报告	（二十九）撤离驻地			

图 4-4　巡视了解步骤流程图

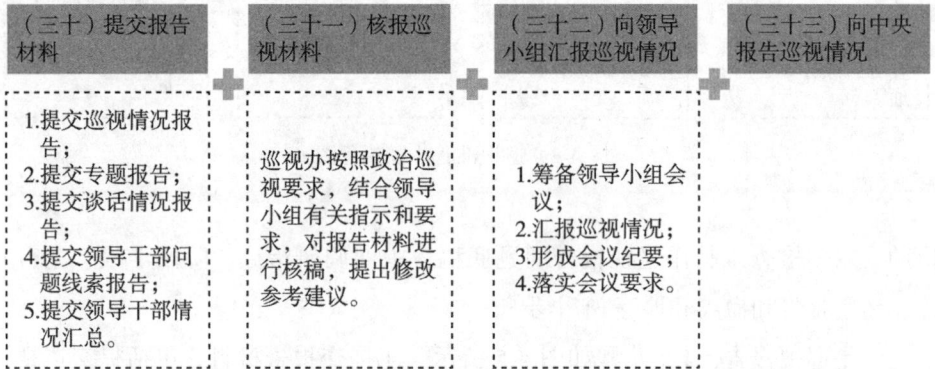

（三十）提交报告材料	（三十一）核报巡视材料	（三十二）向领导小组汇报巡视情况	（三十三）向中央报告巡视情况
1.提交巡视情况报告； 2.提交专题报告； 3.提交谈话情况报告； 4.提交领导干部问题线索报告； 5.提交领导干部情况汇总。	巡视办按照政治巡视要求，结合领导小组有关指示和要求，对报告材料进行核稿，提出修改参考建议。	1.筹备领导小组会议； 2.汇报巡视情况； 3.形成会议纪要； 4.落实会议要求。	

图 4-5　巡视报告步骤流程图

报巡视情况。

　　五是巡视移交，5 个步骤如图 4-7 所示。①向纪检监察机关移交问题线索。包括梳理移交材料；审核签批；当面移交。②移交不属于巡视受理范围的信访件。经分类计数，填写巡视组信访举报材料转办单，现场巡视结束后，送巡视办汇总移交信访室。③向中组部干部监督局移交。④向党中央、国务院有关部门移交。⑤巡视材料归档。

　　六是巡视整改，4 个步骤如图 4-8 所示。①视情况参加巡视整改专题民主生活会。②协助审阅整改情况报告。③协助督促整改情况公开。④跟踪整改情况。

（三十四）起草反馈材料	（三十五）制订反馈方案	（三十六）向被巡视党组织主要负责人反馈	（三十七）公开反馈情况
1.起草反馈意见； 2.起草反馈新闻稿； 3.起草有关领导讲话等材料。	1.报批反馈方案； 2.协调反馈工作。	1.参会范围； 2.会议议程； 3.会议材料。	1.党内通报； 2.社会公开； 3.汇总反馈情况。

（三十八）公开反馈情况	（三十九）抄送反馈意见	（四十）向党中央和国务院分管领导、有关职能部门通报巡视情况
1.党内通报； 2.社会公开； 3.汇总反馈情况。		

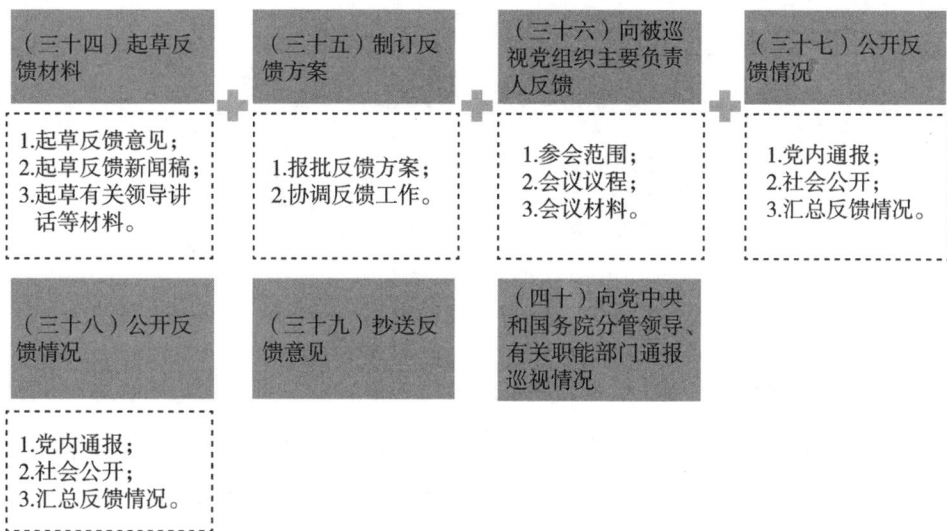

图 4-6 巡视反馈步骤流程图

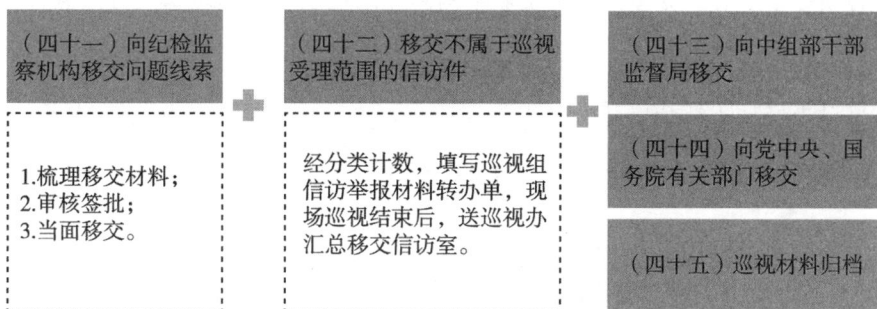

（四十一）向纪检监察机构移交问题线索	（四十二）移交不属于巡视受理范围的信访件	（四十三）向中组部干部监督局移交
1.梳理移交材料； 2.审核签批； 3.当面移交。	经分类计数，填写巡视组信访举报材料转办单，现场巡视结束后，送巡视办汇总移交信访室。	（四十四）向党中央、国务院有关部门移交
		（四十五）巡视材料归档

图 4-7 巡视移交步骤流程图

（二）依从性：服务大局，做好企业自身定位

政治巡视是党的十八大以来巡视工作的重大理论创新成果，加强政治监督是深化政治巡视的本质要求，巡视的本质是政治监督，也是加强政治建设的重大举措（政治建设>政治监督>政治巡视>四个落实）。要做到党中央重大决策部署到哪里，巡视巡察监督就跟进到哪里，督促落实党的大政方针，确保党中央政令畅通。

（四十六）视情况参加巡视整改专题民生生活会	（四十七）协助审阅整改情况报告
（四十八）协助督促整改情况公开	（四十九）跟踪整改情况

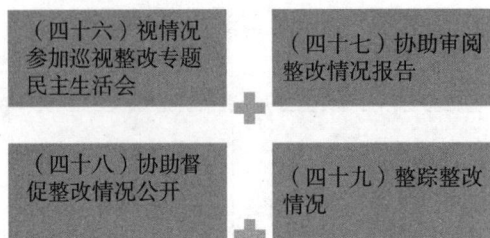

图 4-8　巡视整改步骤流程图

　　巡视要高度关注中管企业对自身的职能定位和主业主责是否清晰，对所在行业形势、企业发展改革、核心竞争力情况的分析判断怎样，在党和国家改革发展大局中应发挥的作用是什么等，这些是中管企业党组主要负责人和班子履行政治责任首要内容。

　　因此，本轮巡视涉及这部分内容时会从"企业中长期相关规划—年度工作报告—各项改革发展、党建方案—企业架构—体制机制—管理理念及方法载体—制度流程—总部各相关部门、企业二三级单位推进过程情况—取得效果评估"等逻辑链进行全过程闭环式检查。

　　（三）实效性：实事求是，树立正确政绩观

　　要把实事求是原则贯穿巡视全过程，自觉树立正确的政绩观，发现什么问题，就反映什么问题，巡到什么程度，报告就说到什么程度。特别是在查找和发现对学习贯彻习近平总书记重要讲话精神和党中央决策部署方面的问题，一定要客观、慎重，不是问题说得越大越好，而是越准越好、越实越好。

　　巡视后评估工作，务必按照"方案—程序—发现/查找—描述"进行，该检查的一定去检查了，没有发现问题是另外一回事。

　　（四）针对性：重点发力，及时沟通交流

　　在巡察工作中，对发现的一些问题可以考虑与被巡察单位相关同志作及时的沟通、交流和讨论。一是可以实现双方及时了解对方的意图和观点，及时避免不必要的误解；二是对巡察工作的理解和认识可在具体业务问题的辨识中得到进一步的加深；三是在讨论甚至激烈的争论中实现双方对依据的深入理解和把握；四是可实现从源头上做实问题；五是实现把巡视作为党性教育、纪律教育的过程，促进党员干部提高思想觉悟，最终实现同题共答、同向而进的目的。

务必在两方面做足准备工作：一是有针对性地做好巡前培训工作，前面已介绍。二是梳理发现问题的渠道方式。个人觉得务必要高度重视对获取问题来源渠道的梳理工作。

（五）关联性：抓住关键，增强系统意识

增强"四个意识"，"关键少数"是要害，不仅要听其言，更要见行动，最终看实际效果。要透过现象看本质，从政治意识和大局意识上找差距，把发现的问题同坚持党的领导、加强党的建设，实现两个一百年奋斗目标和中华民族伟大复兴联系起来，同上级新要求联系起来，同企业战略联系起来，聚焦企业职责定位、我们工作岗位、我们正在做的事，直面问题，使党员领导干部这个"关键少数"真正在思想和行动上同党中央、同上级要求对标、看齐，保持高度一致，激发员工队伍活力，把本企业干部员工队伍的士气带起来，注重看齐意识的培养，努力营造干事创业、精益求精的良好氛围。怎么做好这方面，要把握三个贯穿始终：怎么发现问题，怎么做实已经发现的问题；怎么描述问题，怎么准确对问题归类、定性；怎么书写报告，怎么对被巡党组织、班子及成员履行职能责任情况"画像"。

（六）主动性与辩证性：严以判断，聚焦三个真假

一是是否真重视，身份意识怎样，四个意识、全面从严治党的理解认识怎样，党内政治生活、以及党内监督工作的理解和抓落实情况怎样，这些都涉及政治素质、政治敏感度。二是是否真思考，身处基层一线，我们工作的大方向是否准确，工作思路是否清晰，思维是否正确等，从源头上将生产与党建党廉相融合，正确履行好全面从严治党"两个责任"和"一岗双责"，杜绝"两张皮"，这些十分重要，这也涉及我们的综合能力怎样。三是是否真有作用，在抓落实层面，我们的工作重点是否"围绕正在做的事以问题为导向"，即我们的主要领导、党委成员对全局政治生态是否说得清楚，对存在的问题是否清楚、针对性是否

强，效果怎样，如在业务技术能力、管理能力、思维方式、作风担责执行力等四个方面我们集中现有资源精力根据工作推进需要重点解决什么，发挥什么作用怎样发挥作用，取得什么效果。

第三节　团队提升与人才培养

党的建设离不开坚强有战斗力的队伍，同样，一流的企业也必须有一流的党员干部人才队伍。要按照企业党委的部署和要求，聚焦"转化"狠抓落实，多措并举努力解决打造高素质的干部人才队伍人才摇篮过程中各种问题，实现企业干部员工从高学历到高素质的转变。在这个过程中要用"六性"提升"六力"，即用依从性提升政治能力，用针对性提升业务技术能力，用实效性提升管理能力，用关联性提升整合能力，用主动性提升承压能力，用两面性（辩证性）提高思维能力。

一、依从性：强化大局意识，提升政治能力

习近平总书记强调，要在思想上政治上行动上全方位向党中央看齐，做到表里如一、知行合一。习近平总书记还强调，在领导干部的所有能力中，政治能力是第一位的，起着领头和管总的作用。在企业管理中，领导干部应该把政治能力作为"第一能力"。

党委对基层单位的要求就是要抓落实、抓执行、抓转化，要解决"沙滩流水到头"、解决"最后一公里"、解决"上热中温下冷"等问题，达到全员同频共振、步调一致，准确把握企业党委安排部署的内在要求，心往一处想、劲往一处使，减少从不同方向去看、想、做、写、说带来的执行上的偏差，形成合力抓出实实在在高质量的效果。

从前，有的干部员工习惯埋头做事、点对点地承接具体工作，大部分精力陷入日常事务中，"埋头做事"与"抬头看路"的度把握不好，导致工作的结果分散，没有形成整体效果；有的干部员工存在"会上你讲你的、会后我做我的"现象，真正能站在企业改革发展层面思考问题、解决问题的大局意识不强、政治能力政治自信不足；有的干部员工存在"领导总让我改来改去，不清楚他到底想要

什么"的思想，觉得自己和领导有"距离"，不理解领导的安排，工作不断反复、无用功多，耗费了大量的时间精力才走到正确的方向上。

之所以强调"依从性"，就是为了通过培养大家的大局意识，切实提升企业干部员工队伍的政治能力，这也是干部员工必备的"第一能力"。在这一方面，具体可以从三方面推动落地：

一是巩固完善"第一议题"机制。针对政治学习采用"四级"模式：党委会全面学、及时学，结合业务迅速研究部署，明确扎实落地的具体任务和工作要求；党委理论学习组聚焦改革发展重点任务专题学，结合全年重点工作深入学习研讨、领会精神实质和实践要求；月度办公例会、科技生产等专业例会聚焦业务工作重点学，对于党委会的"第一议题"安排部署进一步传达落实、分解任务，明确责任部门、完成时间和交付物；部务会、主题党日聚焦落地执行细致学，按照"部门""支部"的最小单元细致学习，安排落地到部门、任务落实到人。通过从上到下全员学习的局面形成，引导大家在学习中汲取养分强化理论武装，及时把党中央要求、上级党委的决策部署转化为具体的目标、举措和行动，真正做到开展一项工作清楚源头在哪，明晰这项工作支撑了上级哪些安排部署，了解自己做的工作为企业创造了什么价值。

二是开展部门工作思考。党委要多组织全体干部员工开展部门发展思考，通过思考，聚焦自身最关心的问题，编制两表，有力有效引导大家在"十四五"发展规划、本质安全型企业建设、数字化转型、改革三年行动等上级各种文件、会议、讲话、方案、纪要等载体中找出处、找源头，在关键段、关键句、关键词中找答案，找准工作位置、工作重点和工作价值。不仅解决"距离"问题，而且提升"关注""会"的兴趣和能力，把原来觉得抽象的概念、枯燥的文字转化成一项项具体工作有力依据。政治三力在此过程中得到实实在在的提升。

三是推动战略规划落地。把握新发展、新机遇，坚持把准发展方向，瞄准打造企业目标，充分发挥自身优势，旗帜鲜明地将安全生产作为政治责任放在第一位。切实抓好了"十四五"发展规划的落实落地和数字化转型、本质安全型企业建设、改革三年行动等业务领域全年工作策划，在新发展定位指引下，确立"十四五"发展目标、路径以及重点策略，为新时期的发展架梁立柱。在开展这些策划性的工作过程中，要求主要领导牵头，分管领导、中层干部、员工骨干一级带着一级干，充分讨论充分思考，在对标对表中找准工作方向。通过从上至下的策划布局，企业干部员工切切实实感受到了各项工作安排、任务从哪里来，以终为始，在开展工作之前认清了方向，不但对目前的处境（包括现状、形势、短板、优势等）了如指掌，也不至于在开展由自己亲自参与策划的工作时误入歧途、走错方向白费功夫。

二、针对性：强化导向意识，提升专业能力

习近平总书记强调，要准确认识和把握社会主要矛盾、确定中心任务。如果说依从性是强调学深悟透定方向的话，那么针对性则主要是强调结合实际，围绕目标、问题、结果，辨识锁定工作重点，锻炼干部员工"要事第一"的思维模式，同步结合"专精特新"，多出成果特别是高水平、高层次、高质量的成果。

从前，有的干部员工经常反映说工作好像乱如麻、厘不清重点，压力大、什么工作都很紧迫，做了很多工作，但是缺少亮点，不被领导赞同；有的干部员工做了很多工作，但是总让琐事牵着鼻子走，面对考核、面对上级下达的一些重点工作，反而存在很多漏洞和扣分项；有的干部员工主持或者参加了很多攻关课题、科技项目，但是在固化提炼时，这些课题、项目的成果却只能束之高阁、也得不到很高的评价。

之所以强调"针对性"，就是为了通过强化大家三个导向（目标导向、问题导向和结果导向）的意识，切实提升干部员工队伍的专业能力。在这一方面，具体可以从两方面推动落地：

一是构建"塔形"图。构建"塔形"思路总体布局以及业务领域"塔形"子图，聚焦"大者、大局"，引导企业干部员工把工作的目标聚焦到企业大局上；把管理和人才作为党委工作的重点，打造一流管理能力和高素质人才队伍；坚持"三个面向"和"三个导向"，使干部员工掌握辨识、锁定工作重点的方式方法；在系统持续思考专业发展的同时，建立党委抓落实的"四步法"工作机制：梳理专业业务→调整机构职责→培养干部人才→健全法规机制，根据外部形势变化不断启动循环、逐步完善、形成体系，推动企业良性成长；落实《党章》中规定的五项基本要求（基本路线、思想路线、群众路线、组织路线、从严管党治党）、习近平总书记强调的六种科学思维（战略思维、历史思维、辩证思维、创新思

维、法治思维、底线思维）和国有经济"五力"标准（竞争力、创新力、控制力、影响力、抗风险能力），以结果为导向检验行动成效；确立实践路线"六部曲"，即把方向、作部署、强组织、强管理、强约束、聚力量，将理论切切实实转化为操作层面的实践成果。通过明确这样一套塔形思路布局，促使干部员工在学深悟透、明确方向的基础上，把企业当成一个"大部门"来参与管理，培养成体系的方法套路，与企业党委保持同频率，根据企业的要求和突破方向，切实提升最适应企业发展的专业能力，全方位支撑企业实现跨越式大发展。

二是建立"科技—品控—生产"联动机制。始终坚持面向生产、聚焦一线，常态化与各局沟通调研运维需求，聚焦企业安全生产一线痛点、难点、堵点和风险点，持续深化"一清单一机制"（重大安全和技术问题清单、应急技术分析机制）落地运用，明确具体落实举措；建立健全"生产—科研""生产—品控""品控—科研"联动机制，加强有关生产信息、科研成果贯通应用，切实提高解决技术难题合力；坚持先行先试，率先探索科技创新"揭榜挂帅"落地机制，细化揭榜项目来源、团队组织、专家评审、答辩会等环节流程的具体操作规定和指引。通过督办攻关、"揭榜挂帅"全方位分析解决公司安全生产难题，在解决问题过程中不断增强信心和能力。聚焦关键核心技术攻关，围绕项目进度管控、项目研发、资源保障、信息保密建立"4个三"的管控机制，有力确保穿墙套管等"卡脖子"项目取得重大突破性成就。通过实际业务开展过程中建立的资源整合和协同机制，改变部分干部员工只关注论文、专利、奖项等，不重视面向生产一线解决实际问题的能力。

三、实效性：强化责任意识，提升管理能力

必须坚持"实"字为先、"干"字为要、"效"字为重，既要接天线、更要接地气，坚持一切从实际出发，明确具体的交付物；实事求是地将每一件事情做到位、做彻底，以实干求实效，不折不扣地强化执行能力；明确具体交付质量标准和效果，确保目标导向、结果导向相统一。聚焦执行力和工作质量，实施"周计划"全面落实一号文要求，以穿透化管理为目标，解决"最后一公里"；坚定标准化良好行为企业创建工作"后半篇文章"，解决重点工作与基础工作顾此失彼的情况。

面对上级系列要求、面对企业各个职能部门印发的各种方案计划，有的干部员工习惯就事论事，或是照抄照搬简单承接，依葫芦画瓢，埋头专注于自己感兴趣的工作；有的干部员工在日常工作中觉得很多工作负担很重，吞噬了投入专业技术方面的精力；有的干部员工在工作策划安排的时候做"甩手掌柜"，把上级安排的任务原封不动甩给要配合的同事和部门，不提出明确的交付物和验收标准，导致耗时耗力，又不出成效。

之所以强调"实效性"，就是为了通过强化大家的责任意识，切实提升企业干部员工队伍的管理能力。在这一方面，具体可以从三方面推动：

一是建设"标准化良好行为企业"。需要全员参与、下大工夫开展标准化良好行为企业建设工作，从岗位标准、管理标准和技术标准三个方面，系统深入地进行了梳理和运用。标准化良好行为企业建设工作，紧紧围绕岗位标准、管理标准、技术标准，聚焦管理实质，发动全员深度参与，建立健全标准执行、回顾、评价、滚动更新机制，坚持用标准强管理。上述工作可以增强全员对责任、对管理的认知。

二是出台"约法三章""三不四讲"。我们提出了"约法三章"和"三不四讲"工作要求。只有明确"干什么""要什么"和"怎样算干好"才能真正"提升效率"。对于"解决问题"的工作要求，要具备发现问题的能力，同时也需要具备解决问题的思考能力，不能存在"等靠要"的被动心理，问题的解决措施必须是有"可行性"和"可操作性"的。"讲可操作性必须讲效果"，强调的正是这种"实效性"的质量检验标准，并以此作为标尺检验、审视、考核干部员工的言行绩效。

三是"业务四管"与"周计划"。为了牢牢抓住职责这个"牛鼻子"，确保各级人员履职尽责，提升责任意识。针对各级正职，重点抓四个"第一责任人"（全面从严治党、安全生产、科技创新、依法治企）职责的落实；针对副职，重点抓"业务+四管"责任的落实。根据"四管"职责，衍生出"周计划"的抓落实机制，覆盖政治建设等十个方面重点任务，人手"一张表"从上到下一贯到底，形成任务层层分解、每周持续跟进的落实格局，解决了思考、策划和统筹能力不足的问题，以及孤立做手上工作的现象，将责任明确为一项项具体任务和交付物，强化了干部员工系统思考能力和高效执行能力。围绕"周计划"任务，建立成果评判、闭环管控、过程监督、绩效考评机制，一心一意做好当前正在做的每一件事，推动由"做没做"向"实不实、好不好"转变。"周计划"实行以来，企业干部员工不再简单机械地执行上级安排的任务，陷入"事务主义"，而是注重各项工作的关联性，任务传递的各个中间环节，扮演着"穿针引线"的角色，发挥好承上启下的串联作用，一步步解读、分解、细化，避免了"甩手掌柜"和"二传手"，将工作和职责任务化、具体化，共同确保每项任务都务实高效地完成。

四、关联性：强化协同意识，提升整合能力

习近平总书记强调，要强化问题意识、时代意识、战略意识，用深邃的历史眼光、宽广的国际视野把握事物发展的本质和内在联系，不断回答时代和实践给我们提出的新的重大课题。在谈到全面深化改革工作时，习近平总书记强调，要把着力点放到加强系统集成、协同高效上来，以协同发力破局、向协同要动力、用协同聚合力。在工作中我们提出了凡事讲关联性，做任何一件工作一定要同步关联另外一件工作，从而培养系统性。聚焦共性及实质，在一流企业标杆建设、治理示范企业、全面质量管理等方案制定过程中，准确辨识各项工作的规律及关联点；梳理标准化与安风体系、三标体系、资产全生命周期管理、全面质量管理和内控体系关系，强化系统思考能力、统筹安排能力和协同推进能力。

从前，有的干部员工一方面觉得任务很多，另一方面自己不注重关联性，明明可以整合为一件事情来做的工作，偏偏各干各，花费了双倍的时间，达不到专心做好一件事的效果；有的干部员工总是抱怨这做一件事、那安排一项工作，做完了就完事，却不去思考这些资源如何整合，如何互相作用提升多件工作的价值，实现"1+1>2"的效果。

之所以强调"关联性"，就是为了通过强化大家的协同意识，切实提升企业干部员工的对于各自手中资源的整合能力。在这一方面，具体可以从两方面推动：

一是构建"标准化+"机制。以"5A"级标准化良好行为企业创建为契机，融入安风体系、三标一体、CNAS、内控体系等体系要求，形成有机标准化整体，按照统一、协调、完整、规范、适用的原则，用同一种思路统筹推进多项工作，

在各项工作中讲依从、讲制度、讲标准，建立健全标准执行、回顾、评价、滚动更新机制，突出各项标准的纵向贯通、横向协同，推动各项管理基础不断成熟完善、持续升级，企业竞争力、创新力、控制力、影响力、抗风险能力持续提升。通过"标准化+"，各项业务的技术要求进一步清晰、管理机制进一步健全，发展基础得到全面夯实，整体工作面貌焕然一新，以往单纯依靠行政指令推动工作的局面得到根本性改变，自发向前、自我完善、持续改进、追求卓越成为大家的工作习惯，真正通过各项工作的关联协同，互相促进、互相提升。

二是与"两表"相关联。在年初工作策划中，高度重视"两表"重点任务和重点指标的编写，在全年工作的承接和落实中，注重加强与年度"两表"工作任务、周计划板块、改革三年行动承接举措等进行相关联，既提升工作成效的同时也有效实现了真正意义上的"减负"。

五、主动性：强化担当意识，提升承压能力

十九届六中全会《决议》中提出了"伟大的历史主动精神、巨大的政治勇气、强烈的责任担当"，要求我们要紧紧抓住大有可为的历史机遇，统筹兼顾、突出重点，扎实做好各项工作。提出"高人一招、先人一步"的要求，"先"体现在至少比直接领导先想、先做，"高"体现在思路正确、方法得当，也就是心中有数、手中有招。聚焦面对"硬骨头"畏难情绪，提倡先做起来，边干边想，主动研判辨识，用主动性将工作想在前面、做在前面，用主动性化小单元，重在日常，逐步逐个解决，增强敢担当善作为的信心。

从前，有的干部员工一方面因工作任务多要求高感觉压力重重，另一方面在工作中习惯按部就班，跟跑上级，不注重超前准备和并跑；有的干部员工对担当的认知和理解比较局限在字面条款上，并不关注来龙去脉；有的干部员工固有工作惯性较大，着眼于"耕好自己的田"的思维较为牢固，只着眼于眼前，遇到自己负责的工作出现了问题第一反应是去解释客观原因，不去主动思考解决问题、提升价值的方法和思路。

之所以强调"主动性"，就是为了通过强化担当意识，营造"以企业为家、以工作为己任"的氛围，切实提升干部员工的承压能力。在这一方面，具体可以从两方面推动：

一是重大科技项目策划和奖励申报。牵头申报国家重点研发计划"揭榜挂帅"项目，提前开展基础研究、攻关关键技术、布局核心专利，实现重大项目策划破冰，以"团队申报"取代"单兵作战"，都要求干部员工敢于"拼、争、抢"的精神头。

二是"走出去"价值创造。全面盘点软硬件资源及业务能力家底，深入开展市场调研及对标分析，深挖业务发展潜力、制定价值创造能力差异化实施路径，全面开展了经营模式改革研究并且付诸实践。干部员工主动思考管制类业务企业市场化经营模式的积极探索，为适应行业改革及未来市场发展要求提供了实践样板和典型示范，在当时传统业务量不足的状况下，是对未来发展和价值创造的主动谋划，也是面对新形势超前思考的实践体现。

六、辩证性：提高两面性，增强思维能力

"辩证性"是贯穿于整个运用"五性"的过程中的，是一种方法论。习近平总书记在十九届六中全会上指出："党中央认为，总结党的百年奋斗重大成就和历史经验，要坚持辩证唯物主义和历史唯物主义的方法论"。我们常说的"五大思维"能力（即战略思维、历史思维、辩证思维、创新思维、底线思维等），其中也包含"辩证思维"。一个人的思维能力越强，就越能胜任其他工作，其个人的发展进步也就越快。当前，我们员工在工作上的不足，根源还是在于思维能力上的欠缺，不能将辩证法很好地应用在自己的工作中。

领导干部要着力提升"非职务领导力"。领导力主要包括两个方面：第一是职务领导力，即履职尽责情况，如何运用好组织赋予的权力；第二是非职务领导力，或者叫非权力影响力，是由领导干部自身素质形成的一种自然性影响力，这是当前不少干部所欠缺的。有些干部走上领导岗位之后，误以为权力是某个人给的，群众观点不牢，或者以为成为领导自然就具备了这个能力。权力本身能带来命令和服从，但是带不来凝聚力、感召力、号召力，带不来群众真心实意的尊重和拥护，更带不来心甘情愿地跟着你干事创业。

第四节 深化改革与科技创新

创新是引领发展的第一动力，在深化国企改革背景下发挥科创引领，不断突

破"卡脖子"技术，培育"专精特新"，能够有效激发国企活力。因此，要着眼打造创新核心的目标，始终坚持真创新、创真新，围绕攻关项目，全面推进"产学研用"协同创新，与此同时转变创新意识，提高前瞻性视野。

一、依从性：适应改革新形势的新要求

国家层面，国家高度重视创新工作，在2020年中央经济工作会议上，习近平总书记强调要发挥企业在科技创新中的主体作用，支持领军企业组建创新联合体，带动中小企业创新活动；要完善激励机制和科技评价机制，落实好攻关任务"揭榜挂帅"等机制；要规范科技伦理，树立良好学风和作风，引导科研人员专心致志、扎实进取；针对产业薄弱环节，实施好关键核心技术攻关工程，尽快解决一批"卡脖子"问题，在产业优势领域精耕细作，搞出更多独门绝技。在十九届五中全会上，习近平总书记强调，要坚持创新在我国现代化建设全局中的核心地位，把科技自立自强作为国家发展战略支撑，要强化国家战略科技力量，提升企业技术创新能力，激发人才创新活力，完善科技创新体制机制。2021年，在中央财经委员会第九次会议上，习近平总书记指出，要把碳达峰、碳中和纳入生态文明建设整体布局，拿出抓铁有痕的劲头，如期实现目标；要构建清洁低碳安全高效的能源体系，着力提高利用效能，实施可再生能源替代行动，深化电力体制改革，构建以新能源为主体的新型电力系统。5月，在两院院士大会上，习近平总书记强调要坚持把科技自立自强作为国家发展的战略支撑。

企业层面，面临的形势要求企业做好创新工作的责任感、紧迫感、使命感，坚决扛起中央企业作为创新主力军的责任担当，切实强化企业创新主体地位，争做创新驱动发展的排头兵，努力成为国家可以信赖的战略性科技力量，在建设创新型国家中发挥好顶梁柱作用；加大关键核心技术攻关力度，抓好"卡脖子"项目实施；抓好创新成果总结提炼，成立专项工作组；持续锻造长板，巩固提升核心竞争力；扎实开展技术标准化管理提升，获取更多高层次标准立项，增强国际话语权和影响力；加快数字化转型步伐，实施"数字化攻坚年"行动，打造"数智"品牌；要充分发挥专业优势，助力拓展新的发展空间和新的利润增长点。

以习近平新时代中国特色社会主义思想和党的十九大精神为指导，全面贯彻落实企业工作会议精神，围绕安全生产需要，全力服务碳达峰碳中和，牢牢把握

构建新型电力系统战略机遇，以标准化良好行为企业建设为提升科技创新管理水平重要载体，以专业布局、一人一策为抓手，提升科技创新能力素质，强化"123456"工作战略布局，苦练内功，夯实基础，加强内外部资源统筹，统筹策划企业核心竞争力、新老业务布局，持续完善创新体制机制，聚焦关键核心技术攻关、重大项目策划、高水平成果提炼培育和创新平台建设，促进生产与科研高效联动，激发创新活力，打造自身特色技术优势，铸造全能人才摇篮，为企业建设具有全球竞争力的世界一流企业贡献一流科技创新技术支撑力量。

在统筹科技项目策划与申报上，提升项目管控效率和质量。落实国家战略部署，系统梳理项目策划依据与方向，承接行业、上级单位发展规划及工作方案，策划上报业务支撑类指南需求和基础前瞻类需求项目。

在打造国际一流科技创新平台上，贯彻习近平总书记在中国科协第十次全国代表大会上的讲话：国家实验室、科技领军企业等都是国家战略科技力量的重要组成部分。通过构建龙头企业牵头、高校院所支撑、各创新主体相互协同的创新联合体，推动产业链、创新链深度融合，策划争取新增国家级、省部级实验室，形成结构合理、运行高效的实验室体系。在国家大力推进创新平台优化整合的大背景下，本企业积极争取开展国家工程实验室共申共建。

二、针对性：突出重点问题解决举措

针对国有企业在科技创新上存在的突出问题，进行了逐一的梳理并提出了对应的提升举措，主要有三个方面：

一是科技创新超前谋划能力不足，对重大工程和生产运维中重大难题的支撑有待提升。近年来科技项目策划主要集中在基于重大工程建设、生产运维等过程中已出现的问题进行科技项目策划立项，通过项目研究解决现有难题，但是项目从立项到应用周期较长，对支撑企业重大工程建设和生产运维的时效性有待提高。建议强化科技情报信息搜集工作，增加科技情报信息采集频次和力度，为企业科研技术人员充分、及时接收面向行业前沿、国家重大战略、企业重大工程和高质量发展的技术和研究现状提供专业情报信息支撑，提前有针对性地进行项目布局和技术储备。

二是科技创新重数量轻质量，重申请轻过程的现象仍然存在，应该更加注重核心技术是否取得突破。科技项目的研究是人才评价的抓手，科技项目实施过程中重数量、重申请，但是对实施过程中专利、论文的质量掌控不够，而对专利、标准和论文的相关性和质量把控不严、重视不足，对核心技术掌握不够，对企业问题的解决支撑有待提升。建议抓好做实科技项目过程管控，完善项目分类、分层、分级管控模式，提升管理效能。提前谋划做好专利导航和指标布局，将项目成果管控节点前移，对重点项目按照"周计划"管控。提升科技成果对生产的支撑作用，注重核心技术的突破和研究成果的应用成效。

三是对科研成果及应用的评价不足，需要不断完善以成果效能为导向的评价机制。目前科技项目研发成果的评价主要注重专利、论文等数量和预期目标的完成情况，未对项目负责人的履职情况和技术技能水平提升进行综合评价，同时也未建立有效评价机制评价成果对企业高质量发展的实际贡献和对生产经营一线的应用成效。建议深化科研分类评价，建立以指标、质量、人才评价为核心的科研工作评价机制，加强科研评价导向作用，大力提升科技创新服务水平，引导技术专家和青年人才静心做学问、搞研究，多出成果，出好成果。

在统筹科技项目策划与申报上，针对科技对企业科技项目重点任务及考核指标完成日益增大，科技成果质量要求不断提升的形势，探索建立了科技项目分层、分级、分类管控机制和以质量、贡献和绩效为核心的科研工作评价机制，持续强化科技项目实施管控专业能力。

在打造国际一流科技创新平台上，对比分析行业国重实验室、省重点实验室以及企业现有实验室建设情况，进一步明确了实验室建设发展方向，持续推动包括国家工程实验室等在内的多方向、强相关、高引领类的实验室项目落地建设。

三、实效性：推动科技创新成果落地落实

一是扎实推进技术创新平台建设。加强重点实验室建设和管理，构建运行高效的日常运作机制。在国家对国家科技创新基地优化整合的大背景下，立足新能源输出工程，积极联合国内科研机构、设备制造厂家，争取设立国家工程技术研究中心，支撑新能源输出工程的建设和运维需求。统筹开展智能装备检测与人工智能实验室建设，推进智能可调检测装置、生产环境复现等检测技术研究，推进人工智能业务算法与智能图像类终端检测业务，开展智能装备入网检测和运行评

价,提前制定装备检测业务指导书等规范类文件。同时,开展智能装备和算法检测体系研究,推动智能装备检测标准建设,抢占智能装备检测领域话语权。

二是促进技术创新平台发挥实效。依托实验室平台开展故障分析、技术攻关工作,有效利用平台资源,结合实际业务发挥支撑作用。依托企业联合实验室开放基金课题研究,加强与各高校在各专业领域的合作交流,摸清相关技术发展现状,结合发展需求,策划重点技术研究课题,营造良好的协同创新生态。借助企业联合实验室,广泛开展技术交流与人员互访,面向业务问题及发展需要,定期组织专业技术研讨,联合开展项目选题策划、技术攻关等工作,充分发挥"产学研"协同优势,解决实际生产问题,产出行业引领性技术成果。

三是深化科技项目管理制度标准化建设。梳理科技项目历史审计、监督及日常管理发现问题及长效管控机制,开展管控措施的分析和整合,并落实到科技项目管理制度及相应的岗位管理标准中,深化标准化良好企业建设。

四是完善科技项目分类、分层、分级管控模式。做好科技项目分类管控,分层分级、抓严抓实项目过程实施。按照面向行业科技前沿、面向高质量发展、面向生产经营一线需求开展在建科技项目分类,针对各类别项目制定差异化管控措施。根据项目总投资、项目下达层级等开展在建科技项目分层分级,明确各层级项目各部门的职责分工和质量进度管控要求,制定项目各关键节点评审评价规范。针对企业重大项目,持续推广核心攻关技术管理经验,开展进度、技术、成果"三位一体"的精益管理;针对直接采购类、数字化转型类、装置及设备研发类项目,分析关键研发节点并制定强化管控举措。

五是探索科技项目研发成效管控机制。以科技项目有效支撑企业生产经营及高质量发展为目标,研究制定项目研发成效管控机制。组织梳理在建科技项目研发成效管控表,明确主要研发成果、技术提升目标、生产应用计划及预期应用成效。

六是建立以质量、贡献和绩效为核心的科研工作评价机制。以科技项目过程实施情况及项目成员为评价对象,探索建立以质量、贡献和绩效为核心的科研工作评价机制,引导技术专家和青年人才静心做学问、搞研究,多出成果,出好成果。以科技项目立项任务、预期目标和预期成果的完成度为评价依据,区分自主研发工作和外委服务工作,制定科技项目质量评价方法;以科技项目支撑企业科技考核指标为评价依据，制定科技项目贡献评价方法；以科技项目支撑企业生产经营及高质量发展的成效为评价依据，制定科技项目绩效评价方法。定期组织各业务部门开展科技项目和项目成员的质量、贡献和绩效自评价和考核评分，并联合有关部门研究评价机制与专家季度绩效考核的融合方式。

在统筹科技项目策划与申报上，发挥好科技奖励作用，形成了"选好苗—育好苗—用好苗"的成果奖励申报全链条工作机制。选好苗方面注重成果实效性，建立以"应用实效"作为检验"成果质量"的第一标准的成果遴选标准，从重大科研、重大工程、主网架运维等三个维度策划重大成果。不断拓展科技奖励申报渠道，组织成功申报国家、行业、省、市科学技术奖以及专利奖。

在打造国际一流科技创新平台上，为服务企业改革发展，抢占行业发展建设先机，充分发挥人才创新创效作用，依托人才工程等规划部署，引进高层次人才，并引入五人科研团队助手，在项目策划、申报、成果提炼等领域给予专业性指导、取得显著成效，促进优化工程研究中心、实验室人员管理水平进一步提升。

四、关联性：统筹规划加强科创工作深度融合

一是聚焦新型电力系统建设，统筹开展科研布局。围绕新型电力系统下跨区域输电主网关键技术自主可控、可靠性提升、运维效率提升、绿色低碳转型及数字电网建设等重点方向科学布局，统筹科技项目、职工创新、实验室开放基金等多类型项目，形成"分布合理、梯次分明、分期实施"的重大项目布局体系；持续推进数字创新理论研究，扩大实践应用，聚焦风险预警与状态评估，研发新型智能传感装备，打造具备行业示范效应的智能化业务场景。

二是整合内外部优势资源，打造原创技术"策源地"。统筹梳理企业内部研究基础和研究需求，以新能源基地输出工程为契机，强化与电力设计院的合作，筛选国内顶尖专家团队，开展深入技术交流合作，努力实现自研课题向省部级以上重点课题转化，打造技术原创技术"策源地"。

三是推动党建与创新业务深度融合。坚持习近平新时代中国特色社会主义思想，始终把党的政治建设摆在首位，推动党的建设与创新工作的深度融合。坚持党建与业务同谋划、同部署、同推进，以高质量党建引领和保障业务高质量发

展。持续完善科技创新领域"三不"体制机制建设，将审计、监督、规范化管理等管控措施落实到制度中，做到制度管人、流程管事，持续推进完善科技创新的标准化建设。持续推进科研财务党支部建设，强化科技项目费用列支的过程管控，将发现问题的节点前移，定期开展费用列支情况审查回顾。

在统筹科技项目策划与申报上，以周计划为抓手，克服科技创新工作业务零碎、攻坚困难等难点，对科技项目关键节点管控、资金管控、创新监督、创新文化建设等各项工作从策划、实施、反馈到问题处理等环节整合联动，有效管控各项重点任务进度和质量。

在打造国际一流科技创新平台上，为服务企业战略落地，一是推动国家工程中心建设，整合企业现有资源，与国家级创新平台依托的高校、企业等单位建立联络机制，给予稳定的项目支持。二是推动省级科技创新平台申报，组建企业创新联合体，通过战略合作联合上下游企业、高校、科研院所共同申报科技创新平台。

五、主动性：直面困难跟进新变化新需求

一是直面"卡脖子"难题，坚决打赢关键核心技术攻关战。进一步加强国家战略科技力量建设，查摸底企业主营业务卡脖子情况，做好下一步关键核心技术攻关布局与研究，深化运用产学研用协同创新机制，高效推进核心应用运维技术研究，保障应用安全。

二是注重科技成果培育，提前策划。切实做好两个"高质量"，即研究成果的自身高质量和申报工作的管理高质量。一是提前策划，全面盘点，系统整合，注重科技成果培育，做好成果应用效果宣传。二是密切关注各级科技奖励政策的新变化、新要求，增强申报材料的针对性、规范性，主动提前进行报奖策略策划，抓好成果鉴定。三是不断拓展科技成果奖励申报渠道，既要系统布局还要点的突破。根据各类奖励评价标准的差异性，统筹抓好省科技奖励、各行业协会科技奖和中国专利奖的申报，力争突破重大奖励。

在统筹科技项目策划与申报上，充分认识科技创新成果示范应用的两面性，在推进科技进步、引领行业发展带来创新荣誉的同时也会给电力系统带来安全运行风险。组织攻关团队坚持安全稳妥推荐分接开关示范应用工作，主动协助广州

局制订换流变验证方案、编制运维方案,确保示范应用的安全可靠。

在打造国际一流科技创新平台上,充分认识实验室建设过程的两面性,在推进科技项目策划、立项、实施以及成果产出方面的同时,也会带来一定的安全运行压力。聚焦企业两大核心竞争,打造满足新型电力系统的高可靠性装备,持续提升"双高"设备接入背景下主网架适应能力,不断推动联合实验室建设成为电力行业内知名的高水平研究平台的同时,持续完善、规范实验室的安全管理。

六、主动性:用好指挥棒促进科技创新

一是对于科技创新人才增加待遇,承担更大责任,二是重视人才的待遇,不仅仅要在精神上给予奖励,更要在物质待遇上有明显的区别,虽然不能过于两极分化,但大锅饭更要不得。三是要考虑企业发展的方方面面,不能够只要最主要的,其他方面忽略,要全面全盘考虑。

在统筹科技项目策划与申报上,瞄准上级下达未来三年任期考核内必须牵头承担一项国重项目的要求,组织骨干不等不靠,提前启动开展国重项目策划工作,制定国重项目提升方案,梳理形成国重项目选题清单。在疫情国内持续暴发情况下,采用线上和线下结合方式开展国内顶级团队的交流,并完成多个项目评审。

在打造国际一流科技创新平台上,企业围绕工程中心打造成行业引领的科技创新平台等目标,主动对接各级科研单位,积极策划一批高质量国家级科技项目,争取培养一批高精尖人才。

第五节 基建工程与统合综效

基本建设是促进社会生产发展和提高人民生活水平的重要手段。它为国民经济各部门新增固定资产和生产能力,对有计划地建立新兴产业部门,调整原有经济结构,合理分布生产力,采用先进技术改造国民经济,加速生产发展速度,以及为社会提供住宅和科研、文教卫生设施以及城市基础设施,在改善人民物质文化生活等方面,都具有重要意义。基本建设工程建设周期长,要在较长的时间内占用和消耗大量的生产资料、生活资料和劳动力。因此,在社会主义经济建设

中，要十分重视合理确定建设规模，选择投资方向，讲求效果，以充分发挥基本建设应有的积极作用。基建工程实施的过程中，在一定程度上就是把社会各方各种意愿进行整合，通过综合综效实现共同价值。

一、依从性：为国家新发展夯实基础

国家层面，国家高度重视创新工作，中共中央总书记习近平 4 月 26 日主持召开中央财经委员会第十一次会议，研究全面加强基础设施建设问题，研究党的十九大以来中央财经委员会会议决策部署落实情况。习近平强调，基础设施是经济社会发展的重要支撑，要统筹发展和安全，优化基础设施布局、结构、功能和发展模式，构建现代化基础设施体系，为全面建设社会主义现代化国家打下坚实基础。

企业层面，为了深入贯彻落实习近平新时代中国特色社会主义思想，适应建设具有全球竞争力的世界一流企业的需要，进一步规范企业基建管理，依据国家有关法律、法规和企业相关管理要求，发挥统筹工程建设资源，优化建设管理模式，统一建设标准，规范基建各方主体行为的作用，履行企业工程建设，防控工程管理风险使命，达到基建工程建设的既定目标。

二、针对性：社会效益最大化和安全风险影响最小化

针对基建工程建设过程存在的突出问题，进行了逐一的梳理并提出了对应的提升举措，主要有两个方面：

一是基建工程本质上追求社会效益最大化。基建工程所取得的难以用价值指标衡量的对社会有益或有效的成果。一般可分为政治效益和环境效益两个方面。政治效益指基本建设在巩固、完善和发展现有社会生产关系中的积极作用。如基本建设对巩固国防、促进民族团结、社会主义精神文明建设等方面的作用。环境效益指基本建设在保护和改善人类生存环境等方面的作用。如治理"三废"以及保护生态平衡等等。基建工程社会效益常常是无形的，一般难以用货币计量。但它仍是社会主义生产目的的客观要求，体现着社会成员共同的长期的利益。基本建设社会效益与经济效益是对立的统一。创造一个良好的国际环境和国内安定团结的局面，是基建工程社会效益的核心内容，也是取得良好的基本建设经济效益

的前提条件。因此，在充分考虑经济效益的基础上，必须重视基建工程的社会效益。比如对国家、行业、地方政府有着某种重大意义，或者对于企业发展解决瓶颈问题有着突出作用，另外在国内外、当地、行业内取得非凡成就，在某领域发展上有着重要纪念意义。

二是安全风险影响最小化。基建实施过程中，评估各类风险，通过建立科学系统、主动超前的安全生产管理体系和事故事件预防机制，从源头上防控安全风险，从根本上消除事故隐患，使人、物、管理、环境各要素具有从根本上预防和抵御事故的内在能力和内生功能，实现各要素安全可靠、和谐统一。实施过程则需要坚持以习近平新时代中国特色社会主义思想为指导，以习近平总书记安全生产重要指示和系列论述为根本遵循，牢固树立总体国家安全观和"人民至上、生命至上"理念，统筹发展和安全，加快构建新安全格局，践行"安全第一、预防为主、综合治理"方针和"一切事故都可以预防"的安全理念，坚持"党政同责、一岗双责、齐抓共管、失职追责""三管三必须"原则，以安全生产风险管理体系为总抓手，强化安全生产责任体系、保障体系和监督体系建设，全面应用系统超前、溯源治本的本质安全方法，依靠科技创新和管理创新，持续打造本质安全员工队伍、管理体系、设备设施、建构筑物及环境条件，全面提升安全生产能力。

三、实效性：推动基建管理水平不断提升

一是扎实推进基建工程社会化效益不断扩大。基建工程实施过程中，创建安全文明绿色施工样板工地、房屋市政工程安全生产文明施工示范工地、建设工程优质结构奖、优质工程奖等奖项，对企业基建相关领域是一个大的促动，对于一定范围的基建行业也是一个带动作用，甚至可以对国内外同领域作出较大贡献。

二是对于基建管理水平是一个再提升的过程。通过统合综效，将安全、进度、质量、技术、造价等纳入标准化、规范化轨道上，无影之中，提升了相关人员专业能力、技术水平，开阔了视野，拓大了行业发展空间。

四、关联性：统合综效促使基建各关联方收益最大化

一是通过创优和提升社会影响力活动的实施，不断提升各参与方自豪感、责

任感。比如在创建国家优质工程奖，对于各参建单位来说都是一种考验，一种过关，需要调动本单位众多人力、物力以及社会资源；二是在实施过程中，进一步推动基建工程标准化作业，完善相关管理机制和制度，形成规范作业，可以复制的成功经验，比如在安全风险管控过程中，摸索出一套各类安全风险辨识、风险预控、监督实施、应急处置应对的好办法，形成套路，并可以推广，扩大社会影响力。三是推动党建与基建业务双向融合。一方面高质量的党建，增强了团队凝聚力、向心力，培育了一个好的团队氛围；另一方面高水平基建管理，培育了一支好的党建队伍，培育了一批向党组织靠拢的新生力量。

五、主动性：利益最大化推动知责明责履职尽责

一是从企业层面看，将各方利益用共同的愿景捆绑，各方向一个方向使力，形成有效合力，进而成为基建管理水平提高的原动力，促使工程各项工作进一步规范化、标准化；使各方主动压实各层级责任，每个参与者能够知责明责，能够进一步履职尽责，发挥好主观能动性。二是从基层员工层面看，每一个人的价值可以通过工程最高愿景实现而发挥，进而是每个人管理水平得到提升，物质和精神得到满足。只要理顺企业和基层员工利益链条，发挥了基层员工主观能动性，基建工程中各项问题和困难将迎刃而解。

六、辩证性：反向挖掘提升空间

在基建工程建设过程中，实现统合综效目标，一方面可以找到积极因素，如企业自身长处，员工的亮点和价值，进一步提升"六力"。另一方面可以反向挖掘基建管理提升空间。比如在出现各方利益无法调和需要有退让的情况，可以看出某些组织和部门负责人的政治站位；在攻坚克难的过程中，可以掌握不同层次的业务技术能力、承压能力和思维能力；在涉及个人利益的情况下，一个领导干部的政治担当；在突发问题处理时，更容易看出来领导干部的政治能力和管理能力。

第六节 识变应变与网络安全

从2016年开始，"护网行动"是针对全国范围的真实网络目标为对象的实战

攻防活动，旨在发现、暴露和解决安全问题，检验我国各大企事业单位、部属机关的网络安全防护水平和应急处置能力，也是国家应对网络安全问题所作的重要布局之一。近些年，参加的企业数量和行业类别逐渐增加，在类似场景下，进行安全策略调整，升级安全防护是非常有必要的。"护网"网络攻防演习是公安部落实党中央重大决策部署和习近平总书记"网络强国"战略思想的重要举措，是对本单位整体网络安全综合能力的整体检验。网络安全和信息化是一体之两翼、驱动之双轮，必须统一谋划、统一部署、统一推进、统一实施。对新增供应商侧敏感数据泄露风险，秉承"六性工作法"识变应变，以有力措施实现企业护网"三不一零"工作目标。

一、依从性：明确目标形成合力

2014年2月27日，习近平在中央网络安全和信息化领导小组第一次会议上的讲话指出，网络安全和信息化对一个国家很多领域都是牵一发而动全身的，要认清我们面临的形势和任务，充分认识做好工作的重要性和紧迫性，因势而谋，应势而动，顺势而为。首先应深刻认识在党的二十大召开的政治大年，守牢网络安全底线具有极端重要性，主动把自己和工作摆进网络安全守护的大局，在接到通知后做好会议工作要求及任务梳理，明确任务责任方及完成期限，确保重要会议精神第一时间传达至各部门。

二、针对性：集中优势力量

同时要深刻认识人是网络安全领域内最关键和最薄弱的环节，按照分层分级原则策划网络安全培训，内容既有日常工作生活网络安全风险又有针对专业班组的护网攻防技战术培训，同步通过网络会议向各所属单位提供参培入口。要开展针对性工作：第一，提前演练。护网行动非常考验单位的信息安全事件的组织力、协调力与应对能力，企业可以通过开展安全自查、攻防演练的方式，发现存在的安全薄弱点，同时调动相关人员的安全意识、增强协同效率。第二，内部业务系统的防范。通常企业内部的OA系统、ERP系统、重要信息节点E-mail、项目管理系统之类的内网系统容易遭受攻击，由于存储着单位人员信息，被攻陷后攻击者利用该信息更加容易实施渗透。因此针对内网的漏扫和手工渗透测试需要重点关注，也需要安排专门人员进行值守，系统情况实时反馈。第三，威胁检测与分析。在安全防护中，通过高效的威胁检测手段，可以做到主动防御，从而拦截和解决网络攻击。监测网络中的异常可以使用流量监测如 WAF、IPS、IDS 等，日志收集类 SOC 平台，行为监测类包括蜜罐和给予流量的网络行为系统。根据监测对象或位置进行部署，可以减少监测盲区，时间发现威胁从而处理威胁。第四，应急处置方案。在实际护网行动中，突发的安全事件需要快速进行分类分级并采取对应的处置措施，一套全面的应急响应预案尤为关键，在实战中仅依靠安全人员的灵活性和应急响应能力会导致结果不可控。所以，事前依据专家指导结合实际业务情况准备一份专用的应急处置方案也是顺利通过护网的关键。

三、实效性：以目标为导向

针对护网期间 IOS 系统中断，工作指令时限紧的实际情况，组建护网技术工作联系群以及护网常规工作联系群，针对性组织开展指令排查与宣传工作，护网期间按时按质落实上级处置指令要求。TDR 安全专家团队资质覆盖 CCRC 风险、应急响应、安全运维和安全集成，团队成员均具备 DJJS 等级保护建设个人资质，核心人员均为多年从事安全服务或攻防技术研究的领域专家。安全专家团队 7×24 小时安全事故监测和告警，对安全事件进行分析并进行有效的处置和恢复，保障信息系统的可用性、完整性、保密性。

四、关联性：激发干事创业热情

实现生产业务与党建工作的关联开展，引导本单位党员青年在急难险重工作中"亮身份、强素质、当先锋"。本单位组织成立"护网2022"攻防演习党员突击队、青年突击队并举办授旗宣誓仪式，以仪式感强化突击队员使命感、责任感。结合本次活动激发年轻党员干事创业的热情，同时也给予发挥的舞台助力其成长。

五、辩证性：掌握不足持续提升

认真思考网络安全与现场作业安全的异同，查找出工作中的不足和需要发力的方向，掌握团队内部人员能力结构和工作态度，总结得出"强技术性""开放性""强时效性""兼具全员性与专业性"等特点并针对性开展措施，力保网络底线不被攻破。

六、主动性：掌握不足助力提升

工作中发挥了大家的主观能动性，团队成员各自发挥自己的作用，能够主动与上级职能部门做好沟通汇报，按照最小暴露面原则，主动采取有效措施，以实际行动守牢本单位网络安全边界。对护网行动方方面面进行总结，掌握不足助力提升。

第七节 集聚效应与项目管理

集聚效应是一种常见的经济现象，如产业的集聚效应，最典型的例子当数美国硅谷，聚集了几十家全球 IT 巨头和数不清的中小型高科技公司；国内的例子也不少见，在浙江，诸如小家电，制鞋，制衣，制扣，打火机等行业都各自聚集在特定的地区，形成一种地区集中化的制造业布局。类似的效应也出现在其他领域，北京上海这样的大城市就具有多种集聚效应，包括经济、文化、人才、交通乃至政治等等。知识管理中也存在着集聚效应，并且通过这种效应，我们可以在某种程度上对组织中知识的传播和共享起到一定的控制作用。集聚效应的存在，使得知识系统的管理者对知识的共享和传播进行一定程度的控制成为可能。管理者可以研究多数组织成员的习惯，然后利用集聚效应拓展特定知识在组织内传播和共享的深度和广度，这些知识可能是在一段时间内需要组织成员都尽快了解的，也可以是推广知识管理系统本身的，比如如何使用知识管理系统的工具，或者是希望更多的人能深入讨论并有可能产生创新的。为了进一步提高效率，越来越多的企业将项目集中进行管理，成立项目中心，进一步提高效率实现规范化管理。

一、依从性：充分发挥效力

项目集中管理可以使业务更规范、更统一，可以大大降低硬件成本和管理人员成本，通过权限管理实现流程分权管理。日常管理中，紧紧围绕两表考核目标，全年涉及两表重点工作任务开展。依据项目中心部门职责，生产项目管理工作主要分为两大部分：项目职能管理与项目管理承办。通过一手抓项目职能管理水平，一手抓项目管理承办质量，支撑两标工作任务高质完成，工作指标满足要求。

二、针对性：集中力量做大事

项目中心始终坚持"专业人做专业事"，不断提升自身人员专业技能水平，提升项目管理工作质量。今年派出 2 人参加上级单位生产项目管理提升培训班，系统学习生产项目各环节要点。并且针对企业技经专业人员水平不足的特点，组织各部门涉及技经工作的人员 6 人参加中电联电力造价从业人员资格认证培训及取证考试，进一步提升企业技能水平。

三、实效性：规范化提质增效

项目中心整合生产项目业务及人力资源，构建"一图一表一册"的生产项目集约化管理模式，第一明确职责，制定生产项目管理要素分布图。第二制定措施，编制生产项目全流程实施计划管控表。第三规范依据，完善生产项目相关制度及指引文件体系。解决了过去由分散的多个项目负责人的粗放的管控模式所带来的管理质量不高的问题，推动了生产项目管理效率、效益的全面提升，也响应了为基层班组减负的号召。

四、关联性：统筹推进物资预算

生产项目管理工作与物资管理工作、资金预算管理工作指标密不可分。项目中心在工作中通过关口前移，做好生产项目进度实时管控，确保物资按计划验收、报账，避免因为进度失控影响相关指标。

五、辩证性：自查不足继续提升

根据开展的多轮项目管理"四虚"专项监督检查，在开展过程中，项目中心时刻思考和宣传检查工作的两面性，改进工作的方式方法，监督检查可能会引起业务部门的对立情绪和反感，但长期来看规范的实施和管理有助于各部门减轻负担。

六、主动性：积极协助跟进指导

项目中心今年通过生产项目管理月报，每月整理项目管理相关指标和工作任务，主动跟进进度落后和出现问题的项目，向相关部门和项目负责人提供帮助，尽早解决出现的各项问题，确保各项目顺利实施。

第五章　"六性工作法"与全面质量管理

"六性工作法"对于加强企业全面质量管理具有指导性，是将当代质量管理理念与我国国有企业发展实际紧密结合的一种新思路。依从性要求牢固树立和贯彻落实新发展理念，坚持质量第一、效益优先，在标准化 5A 认证的基础上使用全面质量管理理念，全面提高产品、工程和服务质量；针对性要求以"全员、全业务、全流程"为目标持续开展工作机制的再梳理，不漏掉任何一个重点管理环节，通过发现问题解决问题来提高质量；时效性要求做好过程痕迹管理和交付物管理，结合周计划、工作清单等管控手段，加强工作的过程式管控，形成关键节点报告、周计划交付材料等过程材料，完成一项工作必须有成果证明材料，有了问题清单后，要把整改责任落实到具体的责任人，牵头完成整改，整改要有痕迹，有效果；关联性要求以职责流、任务流引导全体员工理清工作中的关联性，避免点对点做事，高性价比地开展工作；主动性要求在工作中运用 PDCA 循环管理思想，全体员工树立先做先行的工作态度，要在主动思考的基础上想清楚具体干什么、怎么干，在落实阶段，要真正地去做、真正地去执行，还要闭环管控不断回顾评估，针对出现的问题及时纠正调整，还要抓好总结，总结经验教训；辩证性要求从问题中找到改进的机遇，从成绩中思考需要进一步注意的新问题，形成质量提升闭环，锻造质量持续提升的能力。

第一节　全面质量管理的理论与实践

2017 年 9 月，中共中央、国务院印发开展质量提升行动的纲领性指导意见，明确提出"实施质量强国战略"。2019 年 1 月，国务院国资委制定了《关于中央企业开展质量提升行动的实施意见》。2020 年，党的十九届五中全会明确提出"三新一高"的要求，即立足新发展阶段、贯彻新发展理念、构建新发展格局，推进高质量发展。2021 年 9 月 16 日，国家主席习近平向中国质量（杭州）大会致贺信时指出，"中国致力于质量提升行动，提高质量标准，加强全面质量管理，推动质量变革、效率变革、动力变革，推动高质量发展"。落实好全面质量管理不仅有利于提高企业整体素质和增强市场竞争力，实现国有资产保值增值，还能够推动企业标准化 5A 认证的进程。

一、全面质量管理的内涵

全面质量管理（TQM）的前身是全面质量控制（TQC），费根堡姆在他 1961 年发表的《全面质量控制》一书中将全面质量控制的概念定义为："为了能够在最经济的水平上，并考虑到充分满足用户要求的条件下进行市场研究、设计、生产和服务，使企业内各部门研制质量、维持质量和提高质量的活动成为一种有效体系。"在全面质量控制的基础上，日本开始在制造业企业中开展质量管理小组活动。"二战"后，日本经济受到重创，企业生产的产品存在较为严重的质量问题，日本从美国引进了质量管理理论，邀请质量管理大师戴明和朱兰来日本进行讲学，日本在吸收了先进的质量管理理论和方法后结合实际情况进行实践，全面质量管理理念深入日本企业，大大提高了日本产品的质量水平，使日本生产的产品成为高质量的代言，享誉国际。此后这种"日本式"的质量管理模式得到全球范围内各国企业的学习，全面质量管理迅速发展起来。

1998 年日本戴明质量奖评审委员会对全面质量管理定义为"TQM 是由整个组织从事的、在效率和效益两方面达到组织目标的系统活动，它使组织可以在适当的时间和价格上提供给顾客满意的产品和服务的质量水平"。根据 1994 年国际标准化组织给出的定义，全面质量管理是指一个组织以质量为中心，以全员参与为基础，目的在于通过顾客满意和本组织所有成员及社会受益而达到长期成功的管理途径。在全面质量管理中，强调全面和质量两个方面，全面是基础，质量是标准和要求。从全面质量管理的特点上来看，全面质量管理包括全企业质量管理、全员质量管理和全过程质量管理，全企业管理是指企业的各个部门单位都要学质量管理用质量管理，要以质量为核心；全员管理是指每名员工都要关心质量，要为提高产品质量、加强质量管理贡献自己的力量；全过程管理是指企业要对产品生产的全部过程进行管控，包括市场调查、研发设计、试制、生产工艺、工装、原材料供应、生产、销售直到顾客服务等，还要做到"事前事中事后"全面把控。

二、国外实践

全面质量管理作为一种全面综合的管理模式，众多学者对其理论和发展都做了很多研究，尤其是国外学者的早期研究对全面质量管理理论的构建起到了很大的作用，包括朱兰的质量螺旋、戴明的 PDCA 循环法理论、六西格玛管理等。

质量螺旋认为产品质量形成的全过程包括市场研究、产品计划、设计、制定产品规格、采购（供应商管理）、仪器仪表配置、生产、工序控制、检验、测试、销售、售后服务（维修保养）等环节，产品质量的形成是渐进的、是螺旋式上升的，每经过一次质量螺旋的循环，产品的质量就能得到进一步的提高。

PDCA 循环将全面质量管理分为 Plan（计划）、Do（执行）、Check（检查）、Action（处理）四个阶段，其中，计划阶段包括分析现状发现问题、找出全部原因、找到主要原因和制定措施四个步骤，执行阶段只需要做好实施计划与措施，确保各项制度贯彻落实即可，检查阶段要将实施结果与目标作对比，处理阶段要对实施结果进行总结分析并将此次循环未解决的问题转入下一次循环。

六西格玛管理是 20 世纪 80 年代末在美国摩托罗拉公司发展起来的一种新型管理方式，通过实施六西格玛管理，1986—1999 年，摩托罗拉公司平均每年提高生产率 12.3%，不良率降低到以前的 1/20。σ 值用来衡量完成过程无缺陷作业的能力，它测量的是"每单位缺陷数"，σ 值越高，不良品率越低、品质成本降低，过程周期缩短，客户满意度提高。6 西格玛表示的品质是"每百万单位只有 3.4 的不良率"，即品质长期达标率在 99.99966% 水平上。六西格玛以顾客满意度为主体，是追求完美品质的代言词，现在已经成为一种公司战略、理念、文化和业务改进方法体系的集成。

国际标准化组织 ISO 将全面质量管理的内容和要求标准化为 ISO9000 质量管理体系，ISO9000 质量管理体系的主要思想包括控制所有过程的质量，ISO9000 认为一个组织的质量管理是通过对组织内各个过程进行管理实现的；过程控制的出发点是预防不合格，因为对产品生命周期的所有阶段进行控制就是为了预防不合格；质量管理的中心任务是建立并实施文件化的质量体系，典型的质量体系文件结构包括质量手册、质量体系程序和其他质量文件；持续的质量改进可以提高组织的竞争力、可以获得顾客及其他受益者的充分信任；一个有效的质量体系应满足顾客和组织内部双方的需要和利益；定期评价质量体系，目的是确保各项质量活动的实施及其结果符合计划安排，确保质量体系持续的适宜性和有效性；搞好质量管理的关键在于领导，"质量管理是各级管理者的职责，但必须由最高管理者领导"。ISO9000 系列标准颁布后，包括德国西门子公司、日本松下公司、美国杜邦公司等在内的国际知名企业纷纷通过了认证，并要求他们的分供方通过 ISO9000 认证。

三、国内实践

改革开放以来，我国不断引入国外优秀的管理方法和管理经验来提高企业的管理效率，全面质量管理（TQM）便是其中之一。由于国外学者已经在实践中对全面质量管理的理论部分有了体系化的研究和理解，因此国内学者对全面质量管理的研究主要集中在中国国情下企业实施全面质量管理中出现的问题、原因和解决措施方面。如刘华（2013）发现企业领导对质量管理意识水平、参与程度的高低正向影响着企业的整体绩效；刘晓波（2016）则认为全面质量管理要以预防为主、以客户为中心，在持续改进的过程中建立有效的质量管理体系来推进全面质量管理工作。从具体实践来看，我国为激励和引导我国企业追求的卓越的管理绩效设立了政府质量奖和标准化等级认证。

在世界范围内，政府质量奖的评审由来已久，其中以美国波多里奇国家质量奖、日本戴明质量奖和欧洲的 EFQM 卓越奖最为著名，并称为世界三大质量奖。随着我国加入世界贸易组织，国际贸易摩擦加剧，自身经济的结构性矛盾开始显现。因此，培养有效应对国际竞争的企业群体，打造质量效益型产业成为我国面临的现实挑战和迫切需要。借鉴国际上的先进做法，我国依据《中华人民共和国产品质量法》第六条："国家鼓励推行科学的质量管理方法，采用先进的科学技术……对产品质量管理先进和产品质量达到国际先进水平、成绩显著的单位和个人，给予奖励"和国务院《质量发展纲要（2011—2020）》中的明确要求："要创新质量发展激励机制，建立国家和地区质量奖励制度，对质量管理先进、成绩显著的组织和个人给予表彰奖励……"设立了我国的政府质量奖。我国的最高质量奖有两种，分别是全国质量奖和中国质量奖，这两个奖项在全国、省（市、自治区）、地级市、县区均层层设立。全国质量奖和中国质量奖的评审标准略有不同，全国质量奖主要参考了美国波多里奇国家质量奖的"卓越绩效评价"标准，原国家质量监督检验检疫总局在借鉴国内外卓越绩效管理的经验和做法基础之上，结合我国企业经营管理实践，设立了《卓越绩效评价准则》国家标准（GB/T19580-2012），从领导、战略、资源、过程管理、测量分析与改进、经营结果等七大方面规定了组织卓越绩效的评价要求，《卓越绩效评价准则实施指南》（GB/Z19579）则进一步地将这七大方面细分为23个子项指标，并规定了各子项指标的相应分值，总分为1000分，其中企业财务结果指标分值为80分。值得注意的是，政府质量奖在评选时并不区分行业且大多数指标多为文档型材料，参评企业间的差距并不大，因此财务结果作为客观性指标在评选中的重要性较为突出。中国质量奖则是划分了质量、技术、品牌、效益四大一级指标和10个二级指标、25个三级指标，涵盖企业经营管理的方方面面。在实际操作和评选过程中，中国质量奖的评选标准正逐渐向"卓越绩效评价"标准靠拢，如《江苏省省长质量奖管理办法》（苏政办发〔2020〕61号）、《镇江市市长质量奖管理办法》（镇政办发〔2012〕299号）中均明确规定评选标准采用国家标准GB/T19580《卓越绩效评价准则》和GB/Z19579《卓越绩效评价准则实施指南》。全国质量奖和中国质量奖的异同见表5-1。

表 5-1 全国质量奖和中国质量奖的异同①

	全国质量奖		中国质量奖
设立时间	2001 年		2013 年
承办单位	中国质量协会		国家市场监督管理总局
评奖周期	1 年 1 评，2020 年改为 2 年 1 评		2 年 1 评
奖项设置	组织奖	全国质量奖	中国质量奖
		全国质量提名奖	
	个人奖	中国杰出质量人	中国质量提名奖
		中国质量工匠	
	卓越项目奖	卓越项目奖	
		卓越项目提名奖	
评审机构	全国质量奖评审活动领导小组下设全国质量奖审定委员会和全国质量奖评审委员会两级机构组成		市场监管总局设立中国质量奖评选表彰委员会（以下称评选表彰委员会），负责中国质量奖评选表彰的具体实施。评选表彰委员会下设评审委员会和监督委员会，分别负责中国质量奖的评审工作和监督工作。评选表彰委员会下设秘书处，承担评选表彰委员会的日常工作。
评审标准	《卓越绩效评价准则》国家标准（GB/T19580—2012）《卓越绩效评价准则实施指南》（GB/Z19579）		《中国质量奖评审规则》《中国质量奖评审要点》《中国质量奖管理办法》（质检总局令第 167 号）
评审流程	自愿申报→资格审查→资料评审→答辩→现场评审→评审委员会审议→公示→审定→表彰		自愿申报→材料评审→公示候选名单→现场评审→陈述答辩→评选表彰委员会审议并投票产生建议名单→公示→审定→表彰

标准化良好行为企业是指按照企业标准化系列国家标准的要求，开展企业标

---

① 根据国家市场监督管理总局网站和中国质量协会网站公布的相关评审要求和规则整理得到。

准化工作，建立管理标准、工作标准在内的企业标准体系，并在生产、经营等各个环境有效运行，并取得良好经济和社会效益的企业。企业标准化良好行为评价是对企业标准化工作、企业标准体系及体系运行的效果是否符合 GB/T 35778-2017《企业标准化工作 指南》、GB/T 15496-2017《企业标准体系 要求》、GB/T 15497-2017《企业标准体系 产品实现》、GB/T 15498-2017《企业标准体系 基础保障》和 GB/T 19273-2017《企业标准化工作 评价与改进》五项系列国家标准的要求而实施的第三方评价活动。企业标准化工作评价基本分为 450 分，加分 50 分，总分满分 500。具体评分等级划分如表 5-2 所示：

表 5-2   **标准化良好行为企业评级要求**

评 分 标 准	评 级
总分评分达到 300 分以上	A 级标准化良好行为企业
总分评分达到 350 分以上	AA 级标准化良好行为企业
基本评分达到 400 分及以上或基本分评分不低于 390 分以上且加分项评分达到 15 分以上	AAA 级标准化良好行为企业
基本评分达到 420 分及以上或基本分评分不低于 410 分以上且加分项评分达到 20 分以上	AAAA 级标准化良好行为企业
基本评分达到 435 分及以上或基本分评分不低于 430 分以上且加分项评分达到 30 分以上	AAAAA 级标准化良好行为企业

基本分从 16 个方面进行评价，分别是最高管理者、标准化机构、标准化人员、需求分析、产品标准子体系、规划计划和企业文化标准子体系、人力资源标准子体系、财务和审计标准子体系、设备设施标准子体系、质量管理标准子体系、安全和职业健康管理标准子体系、环境和能源管理标准子体系、知识管理和信息标准子体系、评价与改进体系、体系运行和各子体系实施情况。加分项为指引性要求，鼓励评价机构及评价专家依照相关要求引导企业对标国际实施先进标

准，科技创新提升综合实力，激励企业标准化良好行为。

第二节 全面质量管理的落地实操

开展全面质量管理工作是落实国家及党中央战略部署的重要载体。党的十九届五中全会，将"三新一高"提升到国家战略层面，高质量发展是中央企业发展路径的根本遵循。按照国家实施强国战略和质量提升的总体部署，运用国际先进、权威公信、通用互信的质量管理标准和方法，积极开展全面质量管理工作，是衡量企业实现高质量发展的重要工具。开展全面质量管理工作是企业推动一流企业建设的重要举措。"十四五"时期是企业世界一流企业建设的冲刺期，一流企业建设需要"一流管理"支撑。推行全面质量管理，应用全面质量管理工具和方法，系统科学地找准短板差距，实施管理改进举措，不断提质增效、做强做优，形成企业统一、有效的业务管理规范，最终达成管理一流的目标，支撑企业一流企业建设。开展全面质量管理工作是协同专业管理体系的有效途径。全面质量管理是在原有成熟的管理方式基础上，对现有企业整体管理体系进行诊断，巩固有效举措、打通管理堵点，有助于推动企业现有的专业管理体系如治理体系、授权体系、安全生产管理体系、资产全生命周期管理体系、标准化管理体系、供应链管理体系、创新体系、现代经营管理体系、成本费用精益管理体系等，在全面质量管理的整体框架下，立足全局、系统谋划、打破壁垒，通过"两表"将质量管理融入业务流程中，实现多管理体系协同融合，达成由整体发展质量效率最优。开展全面质量管理工作是提企业管理效能的必由之路。很多国有企业在管理能力等软实力上与硬实力存在匹配度不高，未形成与企业地位相匹配的管理标杆示范，需要企业聚焦管理痛点、难点，在补齐管理短板、提升管理效率效益上下更大的功夫。开展全面质量管理工作，能够学习借鉴国内外企业界成熟的管理理论、模式、工具、方法，结合企业实际，形成一套具有企业特色、国际领先的管理模式，建立体系完备、科学规范、运行高效、国际接轨的企业管理体系。

某能源研发和生产型企业的全面质量管理工作按照"顶层设计—试点建设—

全面应用—巩固提升"四个阶段的推进思路（见表 5-3），明确各阶段性目标，从各阶段进行具体分析。

表 5-3 　　　　　　　　　　**全面质量管理建设方案示例**

四个阶段及要点内容	支 撑 工 作
第一阶段：顶层设计 1. 策划工作方案 2. 建立工作机制 3. 升级管理体系 4. 编制体系文件 5. 明确指标体系	
第二阶段：试点建设 1. 宣传管理理念 2. 参加示范培训 3. 分级开展培训 4. 开展试点策划 5. 推进试点建设 6. 总结试点经验 7. 强化交流分享	一、管理支撑 1. 搭建数字平台 2. 建设专业队伍 3. 培育质量文化 二、保障措施 1. 加强组织领导 2. 强化督办考核 3. 坚持激励引导 4. 营造良好氛围
第三阶段：全面应用 1. 全面推进贯标 2. 建立长效机制 3. 落实奖励激励	
第四阶段：巩固提升 1. 树立标杆示范 2. 加强推广应用 3. 扩大品牌影响	

一、顶层设计

策划工作方案。承接总体工作要求，结合企业实际，按照"一方案、一计划"的模式，印发《全面质量管理工作方案》及工作举措管控表，明确推行全面质量管理的工作目标和要求，细化工作进程和年度重点任务。组织成立工作专班，牵头推动企业全面质量管理工作，协调指导企业全面质量管理工作，积极发现推进过程中的问题，及时研究解决各种重大、难点问题。

建立工作机制。一是建立推进责任机制。根据企业全面质量管理工作举措任务清单，编制发布各管理层级责任矩阵，压实各层级管理责任。二是建立任务管控机制。结合各项工作的实际推进情况，将企业试点建设重点工作及部分全局性、核心关键任务纳入企业"两表"重点管控，定期跟踪通报、加强任务督办，确保各项工作按期推进。三是建立沟通协调机制。明确由企业创新领导小组审议决策涉及全面质量管理的重大事项、制度、机制、计划等，解决工作推进过程中存在的重大问题。定期召开创新工作组、工作专班推进会议，结合工作推进情况，及时协调解决实施过程中的难点问题。四是建立专家指导机制。组织企业系统内外部专家资源，结合各单位实际需求，定期开展专题辅导，集思广益，及时解决实施过程难点问题。五是建立定期回顾机制。根据企业全面质量管理阶段性工作推进情况，定期开展回顾总结，提炼巩固好的做法，持续优化改进推进思路举措，提升推进成效。六是建立推进激励机制。鼓励各单位先行先试推进全面质量管理，将推进工作重大成效纳入业绩考核加分激励。试点设立企业质量奖项，制定评审办法，开展质量奖励评审。积极组织申报各级政府性质和协会性质质量奖，对获得各类外部质量管理奖项的部门或单位给予专项奖励或业绩考核加分的额外奖励。

升级管理体系。推动企业管理体系框架全面升级。基于总部管理体系框架，梳理搭建企业特色的企业管理体系框架。基本形成体系完备、科学规范、运行高效、国际接轨的企业管理体系。围绕一流企业建设的"一流管理"建设目标，通过实施管理体系优化升级工程，运用卓越绩效模式，推动企业治理体系、授权体系、安全生产管理体系、资产全生命周期管理体系、标准化管理体系、供应链管理体系、创新体系、现代经营管理体系、成本费用精益管理体系等高效运转。以

"两表"为载体推动管理体系融合。以"两表"为载体打通并融合现有体系，全面建成体系完备、科学规范、运行高效、国际接轨的企业管理体系。

编制体系文件。形成适用于输电企业的全面质量管理指导性文件。借鉴国内外卓越绩效评价准则和质量奖评奖标准，结合企业业务实际，组织编制《企业管理成熟度评价导则》《企业管理成熟度评价导则实施指南》，形成适用于输电企业的全面质量管理指导性文件。定期修编完善全面质量管理指导性文件。总结企业推进全面质量管理前期经验，定期修编完善《企业管理成熟度评价导则》《企业管理成熟度评价导则实施指南》。

明确指标体系。构建企业推进全面质量管理工作指标体系。承接总部高质量发展指标体系框架，梳理企业及各单位层面推进全面质量管理工作指标体系，制定全面质量管理指标和目标。

二、试点建设

宣传管理理念。组织参加总部"全面质量管理"为主题的知行大讲堂，策划组织企业全面质量管理理念宣传培训，邀请全国知名质量管理专家向企业各管理层级领导班子和相关部门负责人讲授全面质量管理理念。建立企业全面质量管理培训体系，分层分类开展理念导入和实践培训，推动实现全覆盖。组织各级领导干部参加总部中青班、理论进修班等强化理念和思想导入；并制定企业分层分类开展理念导入和实践培训体系，开展各级人员理念宣传培训。利用多样化的多媒体形式，普及全面质量管理知识、方法及理念。每年制订宣传方案，并按照宣传方案组织做好各项宣传工作。

参加示范培训。组织参加总部全面质量管理专题培训示范班。结合企业APP，运用线上线下相结合的学习模式，组织参加总部全面质量管理专题培训示范班，学习全面质量管理理念，卓越绩效评价标准，学习掌握管理提升方法及工具。

分级开展培训。企业组织开展管理提升培训班，对各职能部门、项目团队和各级管理人员，通过中青年培训班、管理人员专业素养提升系列培训班等教授管理理念、方法，参观交流、行动式学习和现场辅导，系统性、体系性提升管理能力，直接推动管理提升各项工作和项目的开展。企业组织开展卓越绩效培训班，对全面质量管理推进者、自评师和评审员开展系统培训，邀请内外部专家，结合企业管理成熟度评价导则和实施指南，解读卓越绩效模式、讲授卓越绩效评价工作推进、卓越绩效自评和评审等内容，开展培训认证，培养质量人才队伍。各单位组织开展管理基础培训班，对基层所、站、班组管理人员和班组员工，结合职创项目、QC小组活动、精益项目等载体，教授管理工具应用，深化一线人员对管理工具理解和认识，提升质量管理意识，形成基本的管理素养。

开展试点策划。开展全面质量管理试点工作顶层设计。落实总部试点工作要求，按照"1+5"的模式，选取多个基层单位试点，省地两级推进全面质量管理试点工作。试点任务预期成果包括但不仅限于全面质量管理的工作策划；总结提炼质量管理优秀案例；针对管理痛点、堵点、难点，应用管理工具策划实施管理创新项目；探索将质量要求融入关键业务流程的最佳方式以及质量执行管控标准；管理贯标经验及模式等。

推进试点建设。启动试点，开展诊断，提出并实施管理改进措施。基于《企业管理成熟度评价导则（试行）》《企业管理成熟度评价导则实施指南（试行）》，开展管理成熟度评价及管理诊断，揭示管理痛点、堵点，基于管理诊断结果，应用先进管理工具，提出并实施管理改进措施。

总结试点经验。总结提炼管理提升优秀做法及经验，编制企业成果案例。总结现有管理成熟度评价方法对于企业实际情况的适用性和有效性，提炼管理提升优秀做法和经验，编制成果案例清单。

强化交流分享。加强全面质量管理相关工作经验分享和总结。及时总结企业策划及推进全面质量管理工作进展，参加总部经验交流会，展示企业推进成效。定期召开线上线下交流会、研讨会、总结会，通报表彰优秀实施单位，发布优秀管理案例，加强全面质量管理相关工作经验分享和总结。配合建立质量管理知识专区平台。配合总部搭建知识管理共享平台，分享培训课件和工作成效，促进企业内部资源共享。

三、全面应用

全面推进贯标。总结企业卓越绩效模式建设经验，编制《企业推进卓越绩效模式的探索及实践》典型案例，为总部提供可复制的经验。以管理成熟度评价为抓手，推动卓越绩效模式融入流程、业务，按照"成熟一批、推荐一批"的原则，持续推动省地两级各专业管理体系升级、贯标，补齐管理短板，解决管理难题，加快迈向卓越。

建立长效机制。根据企业试点经验，结合管理体系升级工程，持续完善业务设计，优化制度，形成依法合规、结构清晰、权责对等、执行到位的制度体系，强化制度刚性执行。总结提炼企业各管理体系，按照规范完善企业管理标准，强化管理标准的内部推广应用工作。推动企业管理标准上升为总部、行业及国家、国际标准。建立全面质量管理项目从立项到固化的全过程管控机制，构建企业及各单位项目库，常态化推动项目高效运转，促进管理提升。将全面质量管理相关项目纳入企业预算，通过专项资金给予引导支持，注重投入产出效益。

落实奖励激励。制定企业质量奖励评审标准，试点开展企业质量奖评审，评选卓越项目奖、先进单位、先进个人，择优推荐参加中国质量奖和总部质量奖评选。将全面质量管理纳入业绩考核，通过业绩考核指挥棒作用，推动全面质量管理工作规范化运作。

四、巩固提升

树立标杆示范。总结企业试点推进全面质量管理优秀成果及经验，形成一批具有企业特色的管理标杆、实践成果和典型案例。积极创建申报国资委及总部的管理标杆企业、标杆项目、标杆模式。

加强推广应用。建立企业成果库及推广应用机制。常态化开展优秀做法、经验、成果的评估和总结，持续充实"管理成果库"。通过定期成果发布会，经验交流会等形式开展分享交流，开展推广应用，形成推广应用机制。

扩大品牌影响。组织做好总部质量奖与国家、行业质量奖的培育及申报。向企业合作单位及供应商主动推广全面质量管理理念及工作模式，推动企业业务价值链的全过程质量提升。

五、管理支撑

搭建数字平台。结合企业数字化建设，探索全面质量管理与数字企业建设和管理相结合，推动企业运营效率全面领先。推进数字化全过程管控体系建设，逐步健全工程质量管理机制，推动"数字化、智能化"新技术的落地，保障质量控制体系高效运转。

建设专业队伍。明确全面质量管理推进者、自评师、评审员资格条件及认证标准，结合企业推进全面质量管理工作，构建专业人才队伍。

培育质量文化。搭建企业全面质量管理宣传平台，通过工作动态、门户新闻及专栏、微信公众号等形式，开展管理理论和实践宣传，促进质量文化和知行文化双向融入，营造追求卓越、主动改进提升的氛围。

六、保障措施

加强组织领导。依托企业创新领导小组，增加推进全面质量管理的领导职责，负责全面质量管理的指导、协调和决策等工作。企业管理创新工作组作为日常办事机构，增加推进全面质量管理的组织管理职责，负责开展顶层设计，成立工作推进专班。

强化督办考核。按照"限时、量化、定责"明确各项工作责任部门、完成时限、责任到人，确保工作有序推进，可控受控。相关重点举措纳入企业督办及考核评价，推动相关工作有效落实。

坚持激励引导。建立完善各项激励机制，坚持以激励引导，推动各部门、各单位学习掌握全面质量管理方法和工具，提升试点成效，创建更高层面的标杆示范。

营造良好氛围。加强宣传引导，深入践行"策划、规划、改善、卓越"的工作理念，营造"人人乐创新、事事有改进"的工作氛围，宣传典型先进，引导全体员工在工作中关注质量、重视质量、提升质量。

第三节　基于全面质量管理的自评案例分析

为进一步说明六性工作法在企业全面质量管理中可发挥的效用，本书以某能源企业为案例，基于具体企业的管理实践，从"领导、战略、顾客与市场、资源、过程管理、测量分析与改进"六个方面进行自评分析。

一、领导

企业高层肩负引领行业可持续发展的使命，忠实履行企业公民的社会责任，持续领导和推进企业经营卓越发展，带领全体员工通过多年的不断探索和沉淀，逐步形成并确定了愿景、使命、价值观，并影响和带动相关方共同践行企业的核心价值观，服务企业战略目标。

（一）确定使命、愿景、价值观并贯彻落实

文化、机制、人才是企业着力打造的核心竞争力，文化建设伴随着发展也持续优化升级。基于相关方要求、内外部环境分析，该企业果断尝试培育创新、创业、分享等新的企业文化要素和内核，并最终确定了"勇于变革乐于奉献"的核心价值观，明确了企业使命和愿景，成为指导员工日常管理工作的圭臬。

企业秉承文化与制度一体化的原则，通过制度为企业文化落地活动提供强有力支撑。《企业文化建设管理办法》是企业制度规范的总纲领，以使命、愿景、核心价值观形式固化为全体员工的行动指南并积极影响到相关方。

为做细做实文化落地工作，形成文化践行闭环管理，从战略制定着手，把企业使命、愿景、价值观作为战略目标的引领，推动各业务部门对企业文化的承接和落地执行。通过完善制度、视觉传递、学习培训、交流研讨、开展活动等形式，多渠道传播推广，使全单位从最高管理者到普通员工都能做到心系愿景，牢记使命，对理念真正认同和理解，从而树立起正确的价值观；都能围绕大目标，从我做起，从现在做起，从一点一滴小事做起。这样，促使形成"人人都是主人翁、人人都是传播者、人人都是践行者、人人都是受益者"的企业文化氛围。此外，还采用多种方式向外部相关方传递企业的使命、愿景和价值观，并影响到关键的供方、合作伙伴、顾客及其他相关方。

企业领导人身体力行是文化落地的核心。高层是企业文化的第一诠释者，也要成为企业文化的第一推动者，对员工起着重要的示范作用。企业设立了以党委书记为组长的企业党建工作领导小组，主要职责包括总体部署、研究讨论、统筹协调、整体推进、督促检查企业思想建设、企业文化建设，为企业文化建设提供坚实保障。企业高层领导努力营造践行核心价值观的氛围，身体力行将核心价值

观的理念融入经营、管理中，提高全体员工对价值观的认同度，起到了良好的表率作用。党委书记、总经理等一班高层领导亲自主持构建企业文化理念体系，在前期调研、征求意见的基础上，召开党委会逐条审议企业文化理念及其注释，带头宣传企业文化理念。总经理在参加各项会议时，将企业文化建设作为必谈事项，提出明确要求，亲自参加新员工座谈会，讲授企业文化，使新员工对企业使命、愿景、价值观有一致的理解与认同；党委书记牵头主持并参加文化画册设计和参与"正能量"线上平台活动等各类企业文化活动；其他高层领导结合分管业务工作，抓好相关工作理念和职能文化理念在实际工作中的贯彻执行。

（二）加强沟通与激励服务卓越绩效

在发展方向确定之后，管理层在制定绩效目标过程中，通过对国内外的市场分析，竞争环境分析、产业链群分析以及企业自身资源分析，并综合考虑有关动态价值链相关方的利益均衡，制定了企业绩效目标。企业通过坦诚、双向的沟通方式与顾客、股东、员工、供方、合作伙伴（高校、科研机构、行业协会、学会、银行等）、社会（社区、媒体、政府机构）等相关方就企业的价值观、发展方向和绩效目标进行沟通，并通过对全体员工实施卓越绩效的活动进行激励以强化企业的方向和重点。

高层领导高度重视并大力推行卓越绩效模式，通过明晰战略发展方向和重点，进行岗位价值评估和薪酬设定，制定《员工年度考核评价办法》以及短期与中长期、精神与物质相结合的激励/表彰，如优秀共产党员、优秀党务工作者、先进生产（工作）者、敬业标兵以及各类先进个人等，逐步形成评价、改进、创新和分享的学习循环，使战略发展方向和重点不断得到强化。

（三）营造良好环境保障战略目标实现

一是营造遵纪守法的经营环境，恪守诚信为本的道德规范。做好法治建设的顶层设计，制定依法治企计划和"六个一"活动清单，抓好关键少数管理，积极践行领导法治"六个一"活动以及法治建设第一责任人职责，通过关键少数的带头作用，带动全体员工知法守法。根据法律法规变化，统筹做好及时修订完善已有制度工作，建立健全新制度，加强制度"废、改、立"并及时进行制度宣传，强化执行刚性，培养形成员工法治习惯。根据牵头识别法律风险并制定相应法律风险防控措施，加大法律合规审核力度，制定反腐败机制，建立《企业内部审计工作管理办法》等管理机制，坚决杜绝商业贿赂、舞弊等违法和失信行为。统筹安排法治文化建设工作，持续推进普法宣传活动。企业牵头打造法治文化特色阵地，建设富有企业特色的法治文化普法宣传法治长廊，并组织开展一月一主题普法活动和"12·4"国家宪法日法律宣传特色活动。

二是营造创新环境。始终把创新作为生存和发展的灵魂，遵循"勇于变革"的企业核心价值观，建立健全创新体制、机制，打造创新平台，加大创新投入，坚持创新驱动，走出了一条持续稳健的创新发展之路。企业高层领导重视、鼓励、带头创新，身先士卒，率先垂范。先后制定了《知识产权管理业务指导书》为企业知识产权保驾护航。为鼓励创优创新，颁布《奖励管理业务指导书》并设立专利创新奖，每年统计发放知识产权奖励，极大地激发了员工创新激情和潜能。结合企业实际发现传统的班组管理模式不利于有效激发员工创新活力，便选取三个班组开展了"扁平化"管理试点，部门负责人根据具体工作任务，统筹考虑研究员的专业特长及相关专业人才培养需要，组建临时团队开展研究攻关。扁平化管理模式下，可实现充分"授权"，充分发挥员工主观能动性与个人潜力，提供平等发展机会，促使每个员工快速成为能够"独当一面"的能手、专家。

三是营造快速反应环境。激烈的市场竞争对快速反应能力提出了新的要求，一是战略敏捷度，如何发现并抓住机会；二是组合集成敏捷度，如何把人才、资金和管理重点迅速有效从前景不佳的领域当中转移到更有吸引力的领域当中；三是运营敏捷度，如何在商业模式当中挖掘机会。为此，企业制定了三个快速反应机制，第一，科学合理的授权机制，确保企业能够成功管理和组织自主权，实施内在变革能力，允许员工在紧急情况下便利行事，为企业把握机会，规避风险。第二，流程优化机制，推行新时代质量管理体系，建立流程管理模式，优化和减少流程审批层级，加快流程反应速度，提高响应速度，缩短与用户的距离，实现端到端的服务。第三，响应敏捷、安全可靠的技术和服务创新机制，通过《技术分析管理业务指导书》《科技项目过程管理业务指导书》等流程机制，提升全生命周期技术和服务创新的效益效能。

四是创建组织学习和员工学习的环境。高层领导每年拿出不低于工资总额

7%的学习经费用于提供学习的场地和各类硬件设施。运用知识管理平台、微信公众号、E-LINK、乐学平台等，针对不同员工开设线上和线下课程，如领导力、通用能力、专业能力以及新员工培训等课程。通过走出去、请进来的方式，实施高管、中层管理干部的继任者、新员工等培训，提升中高层管理者的个人修为和各级员工的专业技能。

（四）履行质量安全职责加强绩效管理

高层领导明确组织质量安全方针和目标，调配资源，分配质量安全职责，并通过质量管理体系开展全业务链的过程质量安全风险识别与控制，确保交付的技术和服务质量安全。基于资产全生命周期管理的技术支撑体系，着重从职责定位、战略落地、指导评价、改进提升四个方面，抓好技术服务的质量安全。

企业高层领导基于卓越绩效模式，建立和运行战略管理体系，通过各职能战略规划、年度经营计划确保将各项战略目标转化为实际行动；建立和运行一体化管理体系，通过标杆学习、精细化管理等方式，持续提升有效性和效率；实施全员绩效计划，关注团队作用，通过平衡记分卡和战略地图的战略解码，逐级承接分解，将组织的目标逐级分解落实到各部门和岗位/个人，支撑战略目标和愿景达成。

企业高层领导确定组织绩效的评价指标，建立绩效评价机制，通过党委会、总经理办公会、月度办公会、绩效领导小组会等方式，定期对组织绩效、战略目标的完成情况、愿景达成度进行评价与分析，并根据绩效评价结果确定改进计划与目标，综合评价对战略实现影响度、资源投入可行性以及未来发展前瞻性等方面，确定关键改进项目的优先次序，推动改进。

（五）不断完善组织治理结构及水平

严格按照国家相关法律法规的要求，不断地完善组织治理结构，建立健全内部管理和控制制度，以进一步提高组织治理水平。企业已经基本形成了权力机构、决策机构、监督机构与管理层之间权责分明、各司其职、相互制衡、科学决策、协调运作的组织治理结构。

企业有完善的组织治理结构，实行总经理负责制。一是制定"三重一大"等集体决策制度并严格按制度开展决策管理，坚持职代会提案、企业领导民主测评、民意调查等制度，实现管理运营活动、管理信息决策的公开化和透明化；定期向上级单位报送经营、财务、质量、安全等信息；重大投资经营活动向上级单位请示，保护股东利益。二是建立 3 大类 22 小类 97 项制度的框架体系，及时对照上级单位要求调整框架体系，按计划制（修）订、宣传并检查规章制度执行，确保企业制度内容完备、形式规范、流程合理、执行到位。

在高层领导采取行动的责任中，明确了政治责任、经营责任、道德责任、法律责任等。一是政治责任，高层领导坚持以政治建设为统领，把学习贯彻习近平新时代中国特色社会主义思想作为重中之重，紧紧围绕融入式党建的探索和实践，充分发挥把方向、管大局、保落实作用，把党的政治优势、组织优势转化为深化改革的竞争优势和发展优势，将上级单位高质量发展战略纲要与"十四五"规划及未来一段时期战略规划相结合，形成企业近期和中远期目标、发展思路及重点任务。二是经营责任，企业高层领导履行管理层职责，合法开展经营活动，达成上级单位要求的经营绩效目标。三是道德责任，企业高层领导积极引领组织承担社会责任和塑造优秀企业公民形象，制定《"三重一大"事项决策议事规则》《党委工作规则》《总经理办公会议议事规则》《党委贯彻落实中央八项规定精神业务指导书》《信息公开工作管理细则》《厂务公开民主管理工作管理细则》《内控管理手册》等制度规定，约束相关管理层的行为和落实相关人员责任。四是法律责任，企业高层领导依法经营、依法管理，由办公室负责法律相关事务管理，设置法律事务管理、合规与风险管理岗位，对组织经营管理过程的合法性进行全程监控，实现重大决策、经济合同、规章制度三项法律审核率 100%。

企业建立了完善的财务会计组织管理体系，实行"统一领导、分级管理"的财务管理制度，进行了风险预警、防范、防止财务与业务失控。根据上级单位相关规定和要求，确定财务责任和权限，并依据国家《中华人民共和国会计法》等相关法律法规，制定了更为严格的资金管理制度、资产管理规范、内部控制制度，以及预算管理、债权债务管理、风险管理等一系列财务管理制度，使财务管理有法可依，有章可循，尽可能减少经营风险和财务风险等，保证了资产的高增值水平，实现资产"价值最大化"。倡导以诚信为重的经营管理理念，坚持"科学合理、运转高效、规范管理"的原则，规范运作会计及税收实务，借助强大的信息系统不断改进服务质量和水平，为上级单位的决策机构和投资方提供高质量的真实、完整的财务信息。

通过实施《企业审计发现问题处理及整改管理实施细则》、《企业管理审计业务指导书》和《企业违规经营投资责任追究实施细则》，维护组织的合法权益、增强组织遵纪守法意识、强化内部管理制度、改善经营管理、达到提高经济效益、降低组织经营风险的目的。建立全面监控内部控制风险和改进控制体系，并根据组织经营环境的变化作出及时的调整和提升组织的整体效益和防范风险的能力。每年定期对内部控制体系进行测试与评价，并提出改进建议。独立的第三方审计机构，每年对财务报表及内部控制进行独立审计，并出具审计报告，近三年均为"无保留意见"。

企业还充分尊重和维护相关利益者的合法权益，努力实现社会、股东、员工、供应商及合作伙伴等各方利益的协调平衡，共同推动企业持续、稳健、和谐发展。在上级看单位权益方面，严格按照上级单位的规定和要求，合规合法参与上级单位组织召开的各级会议，通过各级规章制度及资产保值增值来保护上级单位应得权益。在员工权益方面，制定和实施《环境职业健康安全人力资源管理程序》、《员工手册》《职工教育管理规定》《员工职业发展管理办法》等制度流程，通过职代会等平台机制，定期或不定期将重大决策、生产和运营管理的重大问题、涉及员工切身利益的问题等采用多种方式向员工公开，确保员工基本权益。在顾客权益方面，为客户提供优质高效的技术和服务体验，持续引领和推动行业技术和服务提升发展。在供应商及合作伙伴权益方面，制定和实施《采购管理业务指导书》《投标管理业务指导书》《物资与仓储管理业务指导书》《逆向物资管理业务指导书》等规章制度，确保公平合作，共同发展。在社会权益方面，以服务国家战略、助力经济发展、构建和谐社会为主旨，推动能源绿色低碳转型，服务保障清洁能源消纳；持续在乡村振兴、社区治理、社会关爱等公共领域开展公益慈善项目，承担优秀企业公民的社会责任。

二、战略

企业在使命、愿景、价值观的引领下，建立了全系统战略运营管理体系，通过科学全面战略分析，确定战略和目标，制订实施计划，合理配置资源，层层分解落实，实施过程监测，及时评估调整，实现战略全过程闭环管理，确保组织战略目标实现，支持企业可持续发展。

（一）战略制定

企业建立系统的战略管理体系，以顾客与市场为导向，系统搜集内外部数据和信息，运用科学有效的分析、预测方法和工具，采取内外、上下结合的方式，进行反复论证，确立战略与战略目标。

为对制定战略过程的进行有序管理，企业成立了"全面质量管理领导小组""全面质量管理工作小组""全面质量管理工作专班"，按照《战略管理规定》和"十四五"发展规划要求，领导组织企业战略规划。办公室为战略管理的牵头部门，负责组织战略管理过程日常工作。

基于相关方需求以及组织使命和愿景，运用卓越绩效模式的多种战略管理的工具、方法，融合平衡计分卡（BSC）和战略地图解码工具，形成战略管理体系和战略制定实施流程。基于行业特征，战略周期与上级单位和国家战略周期同步，并采用"5+1"模式，即五年中长期战略结合每年战略目标任务，年度滚动发展的战略时间区间设定。企业在每个中长期战略的最后一个年度的12月制定下一区间的五年中长期战略，每年12月进行战略复盘，并据此制定下一年度战略任务/项目。在战略复盘中发现当外部环境发生重大变化时或出现重大突发事件影响战略执行或方向的，对中长期战略进行调整。同时每月召开总经理办公会，对战略执行情况进行回顾，安排与战略相关的工作内容，保证战略能够得到有效执行。

在战略制定过程中每年进行战略复盘，通过财务、顾客与市场、内部运营等的分析，对业绩差距和机会差距进行识别和分析，找到最根本的原因，通过针对性的行动来快速弥补差距。高度关注内外部环境的变化，以便作出快速反应。注意利用不同信息渠道收集和整理各类关键信息，并按信息种类落实责任部门战略关键信息收集一览。

基于上级战略要求，通过市场洞察、宏观和行业环境分析、行业竞争环境和关键成功因素分析、组织资源优势战略执行能力等分析，了解各方面基础信息，识别企业具备的优劣势和面临的战略机会、挑战与威胁，运用SWOT分析工具，进行战略组合的选择和确定。

在整个战略周期中，通过法律、内控、合规、风险一体化管理机制，持续评估和监测战略风险，并根据内外部环境的变化，及时进行战略优化和调整，确保战略满足组织转型变革及敏捷性的要求。在战略制定和决策过程中，基于整个行业的生态系统，对于上下游价值链进行分析，将技术创新性融入内、外部信息的收集与分析，并从价值高低、风险大小、资源匹配程度评估、识别明智风险，提炼战略机遇，整合内外部资源，确认风险部署应对，能够有效提升当前和未来需要核心战略竞争能力。

（二）战略部署

基于战略和战略目标，由办公室牵头组织，各部门各司其职，运用战略地图等战略解码工具形成协调一致的战略规划、年度计划、预算、考核方案，配备资源，组织实施，确保战略目标的实现。

企业制订组织战略，确定总体战略目标、业务组合和竞争策略，体现组织未来五年的战略意图。根据组织的战略意图，各业务/职能承接组织战略赋予的角色定位和战略目标要求，制定本业务/职能的五年战略任务/项目，并制定关键过程绩效和测量指标。依据五年战略总体规划及战略目标要求，讨论各关键业务流程以及相互接口，确定各业务/职能职责分配与合作；需要时，对组织业务流程、架构实施调整与优化。基于五年战略总体规划、战略目标及关键任务/项目要求，制定并实施战略绩效承诺工作，层层压实战略绩效考核指标与监测指标。办公室定期对绩效目标和重点任务工作计划完成情况实施跟踪、测量和分析，并通过月度绩效分析、季度召开总经理办公会等方式，及时对战略执行情况进行评价，确保战略实施全面受控和目标达成。为确保战略规划的适宜性和有效性，企业在战略执行过程中及时评估环境、资源和竞争形势的变化，定期根据实施、评审情况对规划进行调整。

此外，还要基于单位的战略和目标，确定战略任务/项目和关键战略绩效指标，层层展开分解到各业务/职能部门，形成明确的长短期行动计划。通过科学配置各项资源，保障战略实施。根据各战略规划进行资源配置，从人力、财务、信息、技术、基础设施和相关方关系等资源统筹安排，充分考虑资源共享和利用率最大化，大力开发资源潜力，整合企业优势资源和社会资源，为实施战略规划提供充足的智力、财力与物力保障。

运用业务功能展开、战略地图等工具建立科学的关键绩效指标体系，涵盖所有的关键战略部署领域和相关方。通过总经理办公会、业务/职能部门绩效分析、岗位/人员绩效分析等对战略及战略目标实施状态进行监测、分析，并对出现的偏差制定应对措施，形成上下贯通、长短结合的绩效监测体系，保证战略执行和监测的协调一致性。

企业制订和部署战略实施计划时，保障总体战略、业务和职能方面战略的整体协同。充分考虑组织发展，包括组织文化落地和组织调整；积极开展与员工和其他关键相关方的战略沟通，以增进战略部署的协同性。基于运营模式和组织性质，确定企业战略管理架构，保障战略闭环；围绕总体战略和战略主题，确定战略目标，进行战略解码，形成战略绩效指标体系，配置战略资源，确保战略执行；实施过程监控，测量、分析和评价；沟通了解相关方的需求变化，结合战略绩效评价结果，优化、调整或启动新战略和新举措。

（三）绩效预测

通过对内、外部数据和信息调查、内外部专家论证等方法预测中长期战略目标、任务/项目及其关键绩效指标（包括营业收入、利润总额等）的结果，包括在战略制定过程中开展的对行业整体、竞争对手关键绩效数据的预测。

首先是预测关键绩效。结合前期战略执行情况、关键绩效目标水平及其增长历史、内外部环境变化等，运用趋势外推法并结合专家评估法，预测关键绩效指标未来可能的实现水平。同时，利用行业协会、对手动态调查、行业报告等获取基础数据和信息，预测主要竞争对手营业收入、利润总额、市场占有率、顾客满意度等关键绩效未来可能达到的水平。当竞争对手某些关键绩效的基础数据难以精确调查到时，则依靠企业内、外部行业专家的经验来预估。通过与竞争对手的绩效对比、预测和系统的对标学习，吸收对手的优秀经验。

其次是确保实现预测的绩效。根据组织战略及战略目标和资源需求分析结果，多渠道、多模式、多方法，按时、足额提供相应的资源配置，建立"立体化、全覆盖"的绩效测量系统，动态实时监测绩效情况，按"月、季、半年、年"的不同周期对不同业务的绩效进行分析评估，制定改进计划和措施，并通过专项行动方案、"两表"年度工作计划以及绩效考核方式推进落实。

最后是分析应对绩效差距。企业把绩效预测、绩效对比的结果作为制定改进措施、制订和调整未来战略目标、修订计划、开辟新市场、开发新产品以及实行内部运营改革的依据之一，洞察与分析竞争对手以及标杆企业机会差距和市场差距。围绕五年战略，对整体组织架构进行了调整，如将原来的基地二期项目部并入品控部，优化完善品控部、规划所等业务设置，增加了顾客与市场研究分析的工作内容，实现了技术与顾客直接互动、跨区域的协同，增强技术服务的综合竞争力，聚焦打造专业团队，提高整体经营效率。

三、顾客与市场

企业聚焦满足和超越顾客期望，通过市场细分和"长期、稳定、合作、共赢"的顾客关系建立，为顾客提供优质的技术服务，赢得和保持顾客的满意和忠诚，实现顾客与企业的共同发展。

（一）顾客和市场的了解

基于企业技术服务范围和市场特性，运用 STP 方法明确市场细分结构，综合考虑顾客的类型和对技术服务需求的差异，最终确定目标顾客和市场，针对性了解顾客需求和期望，并组织落实。

市场细分，包括按服务类型细分市场，即根据企业现有的技术支撑能力及可提供服务类型，进行细分；按区域细分市场，即根据各区域市场的差异，分为南方区域、国内其他区域及海外三大区域市场。通过识别服务类型、服务设计技术领域，围绕资产全生命周期链，识别企业所处的资产全生命周期链顾客，明确顾客差异化需求和合作内容，识别顾客。根据顾客在企业战略发展地位的重要程度，将顾客细分为战略顾客、重点顾客、一般顾客。根据各区域市场服务对象的差异，将顾客细分为南方区域、国内其他区域、海外三类。根据市场调研获取的市场信息，结合细分市场及顾客特性，应用 STP 分析法、GE 矩阵分析法，准确识别了目标顾客和市场，并基于企业当前和未来的发展目标，进一步明确了目标业务及未来发展方向。利用 GE 矩阵分析法对系统调试业务进行目标市场及顾客的选择。根据 GE 分析法逐一对不同服务类型进行分析定位，得到最终的目标市场及顾客群。

（二）顾客需求和期望的了解

采用多种方法了解顾客需求和期望。建立并实施《顾客需求和顾客关系管理》程序，建立顾客需求管理流程图，了解顾客需求和期望主要方法为需求接收—需求评审—需求传递—开展执行—反馈改进。通过高层拜访、定期回访、展会、年会和市场调研等方式，了解顾客的需求和期望。根据顾客群体的重要程度进行分类，按照战略顾客、重要顾客、一般顾客/潜在顾客的顾客群体划分结果，制定不同的方法和途径，了解顾客的需求、期望和偏好，并进行有效沟通，及时运用所收集的信息和反馈，以适应企业的发展方向、业务需要及市场变化，识别出了顾客的需求与期望。根据识别出来的顾客需求，采取评分的方法，选出最优先需要解决的需求，安排业务部门进行跟进并解决。

企业制定不同的方法和途径，了解顾客的需求、期望和偏好。由营销人员将相关问题及时反馈给企业产品研发、供应链管理、产品质量等各相关业务部门，作为产品技术、质量、安全、服务改进和创新的输入，通过持续改进以提高顾客满意度和忠诚度。除通过与顾客交流、定期召集销售人员以座谈会的形式、日常销售拜访等反馈沟通渠道以外，通过参加上级年度工作会议、顾客管理系统 CRM、企业邮箱、年度顾客满意度调查问卷等收集顾客的需求信息。同时企业根据市场调研和投标分析的数据进行一些细化分析，形成市场分析报告，按规定传递到相关人员，作为技术研发、营销服务、供应链管理等策划和过程改进的决策参考和依据。

运用顾客建议，提升顾客满意度。为做好重点顾客技术服务工作，充分听取顾客的建议，面向生产一线，聚焦生产领域安全生产重点、难点问题，制定《重大安全和技术问题清单》，整合单位专家人才队伍力量，助力"揭榜挂帅"机制建立，促进人才技术技能水平提升，特制定问题清单的运转机制。机制主要由问题梳理与识别、清单发布与实施、更新与反馈、汇报与宣传、激励与成果共享等关键环节构成。

了解顾客的关注点，优化服务流程设计。关注以往顾客及当前顾客的各种相关信息，每季度进行收集并归档存放，并将收集确定的顾客需求相关信息，按不同的细分市场分类汇总，形成不同顾客群需求和期望数据库，并从中归纳出针对不同关键顾客群总体需求特点的汇总资料，包括顾客的满意度调查、顾客的投诉、顾客投诉回馈信息，生产技术部通过对信息进行归集和汇总，办公室完成顾客满意度调查报告，并将有关信息应用到企业的生产经营活动中，为改进服务质量提供参考。如每年上级单位均定期以文件的形式下发反事故措施，企业通过收集到的信息，及时调整服务流程，第一时间在对顾客服务过程中执行，确保反措执行率满足100%的要求。

基于顾客需求，创新营销模式，提升顾客服务满意度。企业长期以来，没有形成系统性的自主规划研究和设计评审力量，在规划设计前端环节，对规划院、设计院等单位有较大的依赖性，无法有力实现从规划源头强化本质安全建设。企业以客户为中心，在了解到顾客的需求后，综合研判、认真评估各类风险后，决定全力支撑上级单位建设自主规划和设计力量，将业务支撑链条向前端环节延伸，探索规划业务的突破与发展，于2019年4月成立专门的业务部门——设计咨询所（现更名为规划研究所）。目前，企业已初步打造了一支专业人才队伍。

每年定期评价、了解顾客需求和期望，并根据内外部需求的变化，及时调整方法。如通过高层互动和专项拜访，让顾客全方位地了解企业所有技术和服务信息，增加达成交易合作的机会；提高企业与战略顾客和重要顾客的互动，促进双方进一步沟通、了解。

（三）顾客关系与顾客满意

通过提供差异化服务，不断完善顾客关系，赢得和保持顾客。满足不同顾客的需求，并超越客户的期望，提升顾客满意度和忠诚度，扩大市场份额。

一是推进品牌营销和技术营销，打造特色营销文化。以企业品牌建设为抓手，以领先技术为动力，打造优秀营销文化。聚焦质量安全，全面打造具有企业特色和品牌影响力的技术标准与服务规范体系；加强企业形象宣传，全面提升品牌影响力，形成推动品牌建设的长效机制；大力弘扬营销文化，打造一支有组织、有血性、有责任心的营销队伍。

二是建立战略关系，提供特色服务。根据顾客需求，利用自身优势，与具有技术研发、生产或经营等优势的院所、高校、企业等结成战略联盟，充分发挥合作各方资源优势，为客户提供综合解决方案，提供个性、特色、增值服务，满足客户需求。如 2022 年，依托技术积累和工程经验，以内外联合技术攻关和科研攻关为载体，技术分析能力和应急处置效率大幅提升，解决单位和各局等各方客户的重难点技术问题 48 项，获得多方认可。

三是全生命周期顾客关系管理。从规划设计、供应网管理、工程建设、运行维护到退役报废，实现全生命周期的顾客关系管理，确定顾客触点、建立顾客电子档案，收集顾客基础资料（企业性质、行业、资产、信用状况等）、特征资料（运维设备种类、运行年限、设施设备清单等）、需求（培训需求、特殊服务需求等）等信息，针对不同阶段的技术与服务顾客，策划和实施差异化的特色技术和服务的开展模式。

系统梳理与顾客接触的界面，提供全方位的查询信息、交易和投诉的接触方式，明确主要要求，形成标准、规范、传递到相关部门。例如：通过顾客质量信息单、顾客投诉信息电话记录等将信息传递到技术部门或相关业务部门，要求在最短时间给予回复，并迅速制定解决方案，妥善处理客户反映问题，保证客户满意。

规范投诉程序，确保有效处理。目前实行由具体的业务管理部门（职能部门）按业务分类处理顾客咨询、查询、投诉的工作机制，将顾客投诉分为服务质量、服务效率、服务态度、服务规范及其他等四类，根据客户投诉举报的重要程度及可能造成的影响，将投诉举报分为重大、较大、一般三个等级。按照不同级别客户投诉实施分级处理以及对外答复，重大投诉由企业主要负责人牵头有关职能部门归口处理，较大投诉由分管业务负责人牵头有关职能部门归口处理，一般投诉由有关职能部门归口处理。投诉处置包括受理、传递、处理、回复、回访等工作环节，投诉自受理至归档的总体时限一般不超过 10 个工作日。对于各类顾客的投诉，均建立了"立行立改"机制，会在第一时间制定相应的措施，阻止相应的问题再次发生，确保投诉快速有效得到解决。同时，为更好地应对各类突发事件（包括顾客投诉引起的舆情事件、顾客投诉升级等），均已建立了有效应急体系及应急组织机构，形成了一系列突发事件总体应急预案。针对某些领域重复性问题和"三老"（老问题、老检查、老不解决）问题等投诉，企业将挖掘问题的深层次原因，系统科学制定针对性整改和提升措施。同时，抓实整改、确保实效，通过分层分级验收销号，各级管理人员对整改情况进行审核把关，确保问题整改取得实效。

通过电话、市场走访等方式，了解顾客对组织战略定位、产品质量、售后服务等方面的意见和建议，不断完善建立顾客关系的方法。通过年度工作总结、管理评审，以及专项调研等方式，对建立顾客关系的方法的适用性、有效性进行评价，并提出改进建议和措施。

定期测量顾客满意度和忠诚度，获取顾客可用信息。通过自主问卷调查和客户满意度第三方评价的方式，建立了覆盖战略顾客、重点顾客、一般顾客的满意度调查体系。通过顾客满意度调查表，了解不断变化的顾客需求和期望，确定导致顾客满意的关键绩效因素、评估企业满意度指标及主要竞争者的满意度指标、从轻重缓急等判断轻重缓急，采取正确行动，满足并争取超越顾客期望。

跟踪产品和服务质量，获取有效信息，用于改进。为全面跟踪产品和服务质量，企业通过顾客满意度调查、电话回访、上门拜访、项目总结会、顾客投诉信息等多种沟通渠道，获得顾客反馈的信息，跟踪技术和服务质量，及时获取相关信息，传递给相关业务部门进行技术和服务的改进。

积极获取和应用竞争对手和标杆的顾客满意信息，促进产品和服务提升。重视竞争对手和标杆的顾客满意度的信息收集，通过信息汇总、整理和分析，寻找差距、发现学习借鉴点，制定对策和措施，促进产品和服务改进和提升。

根据发展方向和业务需要，定期评价、完善测量顾客满意和忠诚的方法。重视对顾客满意度和忠诚度测量方法改进，寻求科学性、适应性和有效性的评估方法，优化顾客满意度和忠诚度调研方式。将分散在不同渠道的反馈数据进行整合分析，结合行业情况更深入地分析，透过数据理解客户的需求痛点，并根据客户表达的意图和需求采取行动，从而为客户提供良好的体验，这也是 VoC 的真正价值。伴随着互联网的发展和新技术的应用，市场研究往往借助定量+定性的研究来收集信息，处理数据。通过客户提供的反馈，使企业能够更加明晰地清楚客户需求。

四、资源

紧密围绕组织发展战略规划，合理配置和利用资源，整合组织优势资源，开发资源潜力，提高资源利用率；积极营造公平、竞争的制度环境，为实现组织发展目标提供有效的资源保障。

（一）人力资源

基于经营理念和战略需求，通过总经理办公会、党委会等，制定系统性的管理制度和流程，每年根据业务发展进行组织及人员规划设计、绩效衡量、效率分析、机构变革以及各类别/层级人员的"选、育、用、留"和基础服务等人力资源管理工作，有效地保障了业务的高效开展和战略业务目标的实现。

建立和实施了有效的职位评估体系，运用国际岗位评估 IPE（International Position Evaluation）工具，定期对岗位等级进行评估定级。将岗位划分为四大序列，即：管理类、专业技术类、技能类、辅助类，并根据不同职类分别设立不同的能力要求和评价体系。在领导力评价上，上级主导制定和实施领导力模型及其测评，明确管理者在政治忠诚、政治担当、经营业绩、党建考核、团结协作、联系群众六大维度的能力要求与行为标准，由被评价人的直接上级、同级和下属对照行为标准进行 360 度评价。通过识别领导力的水平，找出待加强的方面并制定个人领导力发展计划，结合内部导师辅导、培训课程等方式促进领导力持续提升。在专业胜任力的测评上，专业能力评价由申请人对照岗位任职资格要求提出申请，经部门审批，党建人事部初审后，统一组织专业胜任力评审专家小组，依照申请人申报的岗位任职资格要求进行评审，评审采用现场答辩评分方式进行。在任职资格的核定上，建立了完整的员工任职资格标准。每年梳理各业务单元的部门职责及关键岗位职责，通过前期培训、收集信息、职位分析等，并基于企业未来发展战略和中长期业务规划，确定员工的类型和数量。

建立了一套高效、严谨、富有特色的人才招聘体系，从简历获取、初选、面试到录用层层把关，旨在挑选最适合的人才。在社会招聘上，制定了《员工招聘录用管理办法》，通过内部推荐、现场招聘等传统模式，以及招聘网站、微信招聘线上平台等不同招聘渠道，按照招聘计划、招聘实施、录用管理、试用培训等一系列严格的程序开展社会招聘工作。在校园招聘上，每年组织校园招聘活动，吸纳优秀应届毕业生。

遵循"不放下一名员工"的理念，按照组织发展战略的要求，打造学习型组织，培育员工不断成长。在能力考核评价上，根据员工能力考核评价的结果，针对管理人员制定能力改进计划，针对基层员工以教育培训的方式提升。在能力提升上，针对不同的员工，采取差异化的能力提升培训，包括新员工培训、员工轮岗、内部培训、外聘培训、网络教学等形式，确保员工的能力符合组织和员工共同发展需要。实行"师徒协议"新员工带教机制，根据新入企员工专业，为其分配资深员工作为"师父"，将"徒弟"表现纳入"师父"绩效考核，使新员工人能够快速熟悉并适应工作环境，了解工作相关的流程、规章制度，让新伙伴顺利融入组织文化氛围，尽快进入工作角色，加速成才。针对中层管理干部和继任者发展计划，精心策划专项培养方案，通过专业化设计培养课程、导师全程跟进的系统方法，帮助每一名中层管理者提升转型为具有专业知识和领导力的高层领导者。坚持"党管干部"原则，按照上级单位党委干部管理相关规定以及本单位干部队伍及战略发展实际情况，依据干部管理权限，制定了较为完善的中层干部培养及继任流程，形成了《领导人员管理办法》《推进干部能上能下管理实施细则》等规定。配合上级单位党委，积极做好优秀年轻干部（高层后备）选拔推荐工作，将上级有关工作要求落到实处；定期组织开展优秀年轻干部（中层后备）选拔推荐，注重重视年龄、学历、专业及数量结构；加强对优秀年轻干部队伍的思想政治建设与综合培养，注重实践锻炼，采取多种培训培养方式提升年轻干部的思维层次和领导能力；高层领导结合年度定点联系对优秀年轻干部进行指导；定期开展岗位轮换，并进行"压担子"；注重为优秀年轻干部成长进步搭建平台，设立主任助理等职位，经常性参与本单位、部门的重要性决策，提高适应高层领导、中层干部岗位的能力；坚持"备用结合"机制，当出现岗位空缺时，根据工作需要及时组织任用。

员工绩效管理体系由绩效计划、绩效实施、绩效评估、绩效反馈、绩效计划回顾调整、绩效结果应用六个部分组成。其中，绩效计划的制定来源于组织战略相关的关键绩效指标和关键任务，个人绩效指标承接部门的绩效指标。在卓越绩效准则的指导下，建立了战略导向的绩效改进系统，根据战略和总体战略目标，完成关键任务，并根据关键任务分解相关的关键绩效指标体系，并分解成为企业级、部门、个人级三级绩效目标指标体系。制定了"战略引领、分级管理；覆盖全员、价值导向；程序规范、科学实用；强化应用、持续改进"绩效管理原则，促进员工绩效不断提升。部门关键任务通过战略解码形成战略目标和相关的关键绩效指标，结合岗位职责形成员工个人绩效计划。绩效考核指标的设置均由各级员工依据部门分解的指标与工作重点制定《业绩责任书》并提交上级审核，直接上级针对下属《业绩责任书》中的指标、目标值、权重、衡量标准等进行沟通、确认。绩效考核突出对工作业绩和成果的衡量，强调完成"结果目标承诺"的重要性。评定结果共分为五个等级，分别是 A（优秀）B1（良好）B2（称职）C（基本称职）D（不称职）。各部门值线经理在考核结果确定后，以事实为基础，与被考核人就考核周期内的表现进行深入细致的交流，其中，评为 C 级及以下的或年度量化绩效排名后 10% 的员工进行书面记录，填写附录《绩效考核辅导表》，一般包括员工考核期工作亮点、工作不足之处、工作提升建议和计划、培训需求等。绩效考核结果直接与员工绩效奖金挂钩，并将绩效考核结果与薪酬调整、晋升、培训开发、岗位优化调整、评优评奖等直接挂钩。

建立了科学合理的薪酬体系，实施适宜的薪酬措施，多样化的激励措施，可持续发展的员工福利政策。按照"价值创造及分配，不让奉献者吃亏"的原则，承接《单位工资支付管理办法》等制度，员工工资由岗位工资、绩效工资和辅助工资三部分组成。员工年度工资按照薪点制进行管理，各岗位之间、同一岗位各级别之间、不同业绩贡献拉开薪酬水平差别，对员工起到了有效的激励作用。为了培养员工的成就感和归属感，除了给予国家规定的基本福利（五险一金）之外，还以健康、工作生活平衡、财富和特色福利四个维度出发，为员工提供丰富的补充福利，满足员工需求，保障员工可持续发展。根据考核结果，提供长期激励、短期激励的多样化激励措施对价值创造者进行有效激励，包括：年度奖金方案、加薪、晋升、培训、表彰等。

将员工权益保护，将其纳入组织基本制度流程的制定中，致力于维护员工权益，提升员工满意度。保证和不断改善员工的职业健康安全，树立"以人为本，安全发展"的理念，严格执行国家职业健康、消防安全、社会综合治理的法律、法规，建立健全以"消防治安、职业危害防治责任制"为核心的管理制度，落实安全主体责任，保障员工生命与财产安全。开展多形式的安全培训，提高员工个人安全意识和技能。创造安全舒适的工作环境，提供优质可靠的劳动防护用品，强化员工职业健康管理，不同工作场所确定明确的职业安全健康指标和目标，制定了《质量、环境、职业健康管理手册》等文件，提供员工关怀服务、社团活动、个性化服务。通过员工参与管理来分享决策权，建立了职工代表大会制度，鼓励员工发挥民主管理、民主参与、民主监督的作用，在发展规划、改革方案、目标考核以及有关员工切身利益如福利方案、工会费用支出等重大决策方面，广泛吸取代表意见，鼓励员工与组织互动，充分体现民主管理的精神，使员工的合法权益得到维护。

甄别影响员工权益与满意程度的关键因素。通过召开职代会、员工座谈会、部门例会、绩效面谈等多种形式广泛听取和采纳员工合理化建议，定期进行的员工满意度调查，亦是获知员工期望、畅通互动沟通、促进管理改善的有效方法之一。员工满意度调查。定期组织员工满意度调研，调研对象面向企业各类人员，由党建人资部牵头进行问卷设计、发放、回收及统计、分析。根据影响员工满意度的关键因素，从员工对工作本身的满意度、对工作价值的满意度、对工作背景的满意度、对工作关系的满意度、对企业总体满意度等多个维度甄别出的影响员工满意度的关键因素，并据此进行问卷的设计。满意度调查方法的改进。为使组织有效配置资源，最大限度地发挥员工的创造力和潜能，提升员工满意度，正在导入员工契合度评价模型，向离职员工回访、岗位交流员工调查、各层级员工面对面谈心谈话、常态化绩效辅导等方面，评价员工契合度。

（二）财务资源

为实现组织战略目标和提升组织绩效，认真落实上级财务管控精神，牢固树立"以完善制度为前提，以业务为抓手，以资金和全面预算为主线，持续推进业财融合"的财务管理理念，建立了科学严密的资金管理体系。通过银企直联、战略合作、资金集中、依托上级单位资金池等方式，实现财务资源的最优配置。通过全面预算锁定资金需求、通过资金预算稳固资金供给、通过严格执行资金授权审批办法确保资金安全，全面提升资金管理和资本运营能力，并采取必要的措施适时调整，降低融资成本和资金风险；加快资金周转，提高资产利用率，保证资金供给，有力支撑企业战略目标的实现。

一是资金需求管理和资金保障。根据长期战略规划和年度经营计划，结合上年年度销售收入、上年年度销售利润率、当期年度预期销售收入等数据，综合运用资金需求预测工具，采用销售百分比法、营业周期法、倒推法等多种方法，模拟编制资产负债表、损益表和现金流量表，测算确定年度营运资金需求及资金缺口，合理安排融资计划。通过完善资金支付计划管理机制、严把资金付款准确率、严控资金风险，根据每月资金收支预算，合理调度、使用资金，保障科研生产活动正常运转资金需求。严格按照上级单位资金集中管理办法管控资金。通过"两金"压控管理体系，实时跟踪顾客经营情况，评估顾客还款能力，避免产生坏账。适用《资金管理规定》，有效地进行系统性的监控，保证资金的科学管理，并采取多种方式筹集资金，确保资金有效供给。通过合理安排资金存取、付款计划和采用多种付款方式，为各类流动资金需求提供保障，提高资金使用效益；采取弹性预算制，预留资金解决突发情况或补充新增业务所需。从严管严控资金成本，确保资金安全，保持着良好的银行信用等级。

二是全面预算管理。制定了《成本管理业务指导书》，综合考虑组织经营与组织情况，明确了全面预算的组织与职责、主要内容与分工、编制方法与流程，提出了预算执行与控制、预算调整流程以及预算考评与监督的要求。在战略目标的指引下，通过全面的预测和筹划，利用预算的方法对全单位各部门的各种财务及非财务资源进行分配、考核和控制，以便有效地组织和协调科研生产活动，完成既定的经营目标。设置全面预算管理委员会，全面负责预算编制和指导工作。财务部作为预算管理的归口管理部门，负责预算的执行与控制，加强事前控制、事中控制和事后控制，有效引导和督促各部门严格执行预算控制。按照统一管理思想、统一数据基础、统一预算模型、统一预算流程、统一报表输出的"五统一"原则进行预算管理。每年9—10月起，按照全面预算管理办法调动全部力量全面运行预算体系，以业务预算和资本预算为主体，以现金预算为核心，按照业务预算、资本预算、财务预算的顺序进行编制。业务主管职能部门对分管业务预算进行审核，提高业务预算的合理性与整体协调性。经过"二上二下"反馈调整，最终形成年度全面预算。年度预算执行过程中，定期开展执行情况分析与汇报，针对业务收支完成情况、费用预算执行情况等及时反馈给相关业务主管部门，督促相关部门及时采取措施，促进全年目标的实现。根据全面预算的实际执行情况及组织经营目标的调整，对预算进行滚动调整。年初根据经营计划、成本费用预算预测分析，滚动设定营运资金计划实现方式，调整资金配置，保证资金需求。

三是成本管理。根据年度经营计划设定关键成本下降指标，按照企业、部门两个次层层落实责任。每季度召开经济活动分析会，分析找出差异原因并采取相应对策，对经营服务项目的采购价格等目标达成情况进行重点管控。构建完善的成本管理制度和体系，编制了《成本管理业务指导书》等制度，严格规范组织成本核算工作，从成本预算、成本核算、成本控制、成本分析、成本监督与考核"等五个方面进行成本管理。

四是资金与资产效率管理。通过多种渠道开源节流，增收节支。适用上级单位资金管理规定等制度，对资金使用实施全程跟踪管理，层层落实，严格把关，提高资金的周转和使用效率。合理规划企业现有的资金，进行有效的管理，提高资产收益。结合单位生产经营变化情况，按月滚动报送资金计划，确保年度资金来源充足；同时保证资金高效率地使用，通过增加流动现金和控制现金流出来获取维持日常经营所需的资金；降低现金流动过程中的风险，准确预测资金支付的时间，降低任何可能导致组织产生经济损失的风险。加强存货及应收账款管理作为盘活资金、加快资金周转一项重要措施。建立健全存货管理的内部控制制度，在物资采购、领用、销售及产品管理上建立规范的制度，定期检查盘点账目，尽可能压缩积压的库存物资，避免资金呆滞。适用《财务物资对账业务指导书》等制度，并针对不同目标市场和顾客群体、上下游关联企业和合作伙伴的信用进行调研评定，建立信用档案。定期核对应收账款，完善收款管理办法，严格控制账龄。专门成立了成本费用和资产管理小组，对成本费用、应收账款等各项指标表现和存在问题实施推进专项改善课题，显著提升了企业的资产效益。

五是财务风险管理。适用《全面风险管理办法》等制度，遵循全面性、重要性、制衡性、适应性和成本效益性原则，以预测分析、事前预警为主，对企业经营风险包括投资风险、运营风险、流动性风险（现金流风险）及存货风险等财务风险进行全面识别和管理，并纳入所全面风险管理体系执行。按照财务风险发生的可能性和风险影响度，分为重大风险、中等风险和一般风险3级，依据相关风险信息，运用量化的方法，定期对财务风险类别进行评估，制定关键财务风险管理指标及风险承受度和风险控制预警线。牢固树立风险意识，始终把财务风险识别、财务风险防范作为经营决策重要内容和评价经济工作重要因素。

（三）信息和知识资源

根据发展战略需要，对相关的信息进行识别和开发，建立信息平台，按照信息管理流程使这些信息在企业内部高速地流动，为组织各项战略目标的完成提供资讯支持。对内外部信息源进行识别，尤其关注顾客、员工、股东、供应商和合作方的信息，并落实责任部门，对相关信息进行识别。随着技术和网络技术的发展，信息和知识管理已成为企业的核心竞争力，从战略的高度构建高效、先进、可持续改进的信息和知识管理平台，有效地管理组织的知识资产，收集和传递来自员工、顾客、供方和合作伙伴等方面的相关知识，识别、确认、分享和应用最佳实践。

一是信息系统的建立和运维。配备获取、传递、分析和发布数据和信息的设施。根据组织战略及业务发展需求，已形成与业务及管理相适应的信息管理、应用系统、基础设施相关软硬件系统。信息系统设施、硬件配备。配备获取、传递、分析和发布数据和信息的设施根据实际需求，从强化安全的角度出发，均衡使用需求和防泄密，建立的信息系统，目前已经在流程、业务、使用等方面很好地结合。同时根据业务发展需要，不断对系统扩容，增加基础设施和软硬件设备。目前企业在办公园区处设立核心机房，主要部署公用业务以及技术研发、营销、财务管理等部门的专用业务；在其他办公园区处设立灾备机房，保障数据和系统安全。通过Ⅳ区办公网络，建立通联全单位以及与上级单位之间网络架构，并辅以硬件设备保证网络安全，防止信息泄密。信息系统基础设施的清单。在生产支持方面，已经建成运行监控、监测分析、专业决策支持、防灾应急指挥、作业风险管控五大功能为一体的生产监控指挥系统，建成备控、保信、直流 SER、行波测距、输变电在线监测、综合气象、灾害预警等 20 余个主站和功能模块，顺利完成安监可视化平台开发，有力支撑了全景信息的实时掌控和"1+N"作业风险防控体系的高效运转。定期对信息系统进行风险评估，根据评估结果，采取管理和技术手段保障信息系统可靠、安全和易用性。计算机中心持续监测信息系统的运行状况，针对关键部位进行定期检查，记录系统非正常停止时间，监测信息系统绩效数据，且每月开展漏洞扫描，为不断提升信息系统的可靠性、安全性和易用性提供改进依据。

二是系统推进信息化建设。在信息化系统建设总体规划方针下，以总体规划、分步开发实施为原则进行系统规划，借助先进的信息化技术手段，采用自主开发和产品引进相结合的方式，建设企业数字化、智能化、网联化的信息管理系统。根据企业发展愿景，制定并实施《生产监控指挥系统总体功能设计及建设规划》，编制了信息系统建设的发展蓝图，打造全业务链端到端的信息化核心技术能力。

三是有效管理知识资产。知识管理为发展战略和日常营运提供强有力支撑，建立知识管理体系，建有创新成果库、信息情报库、业务知识库、经验案例库和管理职能库等五大库组成的知识体系，每月发布科学技术情报信息月报，涵盖政策要点、国际能源动态、国内能源动态等模块，开展内部信息共享。识别内外部知识源，对内外部知识进行充分的识别、收集、评价和分享。在知识管理建设目标的牵引下，从业务需求出发，结合知识管理关键要素的现状分析，构建知识管理平台。为了最大限度地发掘专家、行业专家、技术骨干等专业人才潜在的知识资源，鼓励其传授丰富的知识、精湛的技艺、宝贵的经验，制定、采取一系列制度和措施，以促进隐性知识的显现转化和共享，实现显性知识和隐性知识的获取、存储、分享、利用和创造的动态过程，并通过知识文化推动知识氛围创建，不断提升知识管理有效性，重视最佳实践的识别、确认、分享和应用。

（四）技术资源

通过从技术评估、科技创新发展规划、科研项目到科技成果保护与奖励的全过程管理，切实保障技术的先进性和实用性，增强核心竞争力。

建立了技术评估体系，编制新技术开发技术评估流程，通过技术查新和专利检索，获取相关同行和标杆企业的技术水平信息。并通过由企业专家委、相关专业技术骨干相关成员组成的技术评估小组，由创新领导小组办公室进行审定，对企业拥有的高新技术、研发技术、工艺技术进行定期评估和改进，形成了新材料、新技术、新工艺、新产品的核心的技术能力，支持企业战略目标优化、调整和有效落地实施。

瞄准国际先进技术，积极开发、引进、消化、吸收适用的先进技术和标准。常设科学技术委员会（专家委）、创新领导小组、标准化领导小组，制定实施和承接《科技项目管理业务指导书》《创新成果管理办法》等管理规定，实现对各领域关键技术先进性及重大技术问题处理的决策。依据确定的重点研发方向和项目，针对性地组织技术人员参加相关的国际会议、行业协会技术交流会议，积极获取并定期收集国内外相关的先进技术情报。与大专院校、科研院所建有完善的外部合作平台，有效推动技术问题的处理解决、先进技术的消化吸收。

通过"查新"、行业协会、国际国内展会及科研院所专业学术会议了解国际先进船舶运输装备产品技术，将收集到的信息与用户调研及市场趋势进行结合，围绕着智能、集成、装备、工艺等方面核心技术的研发，推出多项自主知识产权的核心科技。

依据组织战略并紧密结合市场需求，兼顾实用性和前瞻性，选择一些技术含量高、对企业发展有着重要和长远影响的课题进行研究，不断加大科技投入。近三年来，企业投入科研和技术开发经费年平均投入占主营业务收入比始终维持在19%以上的高水平。

积极参与国际、国家、行业、团体协会组织的相关技术标准的研讨和制定，依托雄厚的专业技术积累和标准化资源渠道，积极参与国际、国家、行业等层级的技术标准制修订，致力于优秀科技成果的技术标准转化。主导及参与制定的国际标准被多个国家标准化机构采标，在相关领域取得一定的国际话语权；主编的国家标准和行业标准得到良好应用，有效规范并指导相关装备及技术发展。

制定《知识产权管理体系建设业务指导书》《知识产权管理业务指导书》等程序，从政策、制度、经费各方面激励员工开展科技创新，对企业知识产权进行规范管理和有效保护，鼓励员工积极总结技术诀窍和经验，利用知识管理平台，实现知识共享。对于有可能进行专利申报的成果，开展知识产权培训，介绍政策、分类、申报等知识，提升员工投入科技创新热情，并与专利代理机构建立长期合作关系，负责企业知识产权申报审核、报送和保护，提升知识产权效率。

根据企业发展战略，制订科技创新发展五年规划，用于指导年度技术开发与改造计划的制定和实施，确保技术开发的先进性、实用性。基于先进性和前瞻性技术储备的要求，每年12月启动制定下一年度产品研发计划和达成目标，技术评估小组从创新程度、市场前景、创新难度、投入产出比等多个维度对计划进行评审，作为年度技术开发与改造立项的依据。次年3月进行年度研发计划和目标中期调整，同时对上半年的计划执行进行优化调整，确保技术研发活动的可控性和执行率。

五、过程管理

基于企业的使命、愿景和战略要求，围绕顾客及其他相关方要求，通过战略分析，运用过程方法和工具，识别和确定企业的关键过程，并通过评价关键过程要求识别、设计、实施与改进的情况，确保企业战略目标的实现。

（一）过程的识别与设计

借鉴国际先进运营管理模式，基于自身运营的特点，从管理、核心业务和支持等维度，运用价值链分析、过程分析等方法，确定运营管理模式。考虑与核心竞争力的关联程度，对主要过程进行战略重要度和价值贡献（支持）度的定性分析，确定了企业 11 个关键过程，具体包括：营销、技术和创新管理、供应链管理、服务提供、品牌管理、人力资源管理、财务管理、基础设施管理、信息和知识管理、全面风险管理、安全管理。

根据使命、愿景、价值观、战略和目标等要素，充分收集并分析同行业、竞争对手、标杆的相关信息，根据使命、愿景、价值观、战略和目标等要素，结合来自顾客及其他相关方的信息，采用量化打分法，从质量、安全、成本、效率、进度等方面确定关键过程的要求，明确过程关键绩效指标，确保其清晰并可测量。所有过程关键绩效指标均明确责任部门并进行定期监测分析。

建立过程设计流程，过程的设计在总体方法上按照"PDCA"的模式进行，在具体设计过程中既分析过程总体架构，又设计过程流程，确保满足过程的关键要求。同时不断识别、评估、引入和自主开发各类新技术、新设备、新方法在此领域的应用，保障过程与战略的一致性以及过程的高效率。基于企业使命、愿景、顾客及相关方之需，以及组织战略发展要求，对标标杆企业和竞争对手，针对每一识别的关键过程，运用业务功能展开、价值链分析等工具方法，设计完成包含策划、运行、评价、改进的 PDCA 闭环的营销管理、技术和创新管理、供应链管理、服务提供、品牌管理、人力资源管理、财务管理、基础设施管理、信息和知识管理、全面风险管理、安全管理等是一个关键过程，推动科技创新活动的有效开展。为有效支撑单位发展，在关键过程的设计过程中，企业充分识别、评估和有效利用新技术、新方法，并考虑可能的变化，采取必要的举措，确保的过程的敏捷性。

高度重视全面风险管理，成立了由党委书记、总经理为首的依法治企工作领导小组、合规及风险管理委员会等议事机构，并明确办公室为全面风险管理归口管理部门，制定实施企业风险管理流程和《人身事故应急预案》等一系列应急预案，通过安全文化、风险识别与风险控制、运营过程管理等，将风险管理融入到企业各级流程，实现了风险管理体系与企业战略管理、内控管理、安全管理等体系及日常工作的融合，形成了适用于企业全面风险管理体系和应急管理机制。在过程设计中，借鉴行业事故教训及经验，识别可能发生的突发事件，并针对核应急特殊性，建立从异常监测到响应处置的快速反应管理体系和流程，以确保应急响应快速有效。借鉴行业事故教训及经验，识别可能发生的突发事件，并针对核应急特殊性，建立从异常监测到响应处置的快速反应管理体系，以确保核应急响应快速有效。同时制定了预警机制，将降低流程突发事件概率的应对举措固化在流程设计环节，将突发事件所产生的影响降到最低。

（二）过程的实施

根据过程设计输出，从组织保障、人员、基础设施、技术等方面配备资源，完善 5M1E 过程控制方法，不断提升过程的有效性和效率，提升产品和服务质量。

营销过程的实施。树立以市场为导向和以顾客需求为营销理念，把握市场发展动态，为顾客提供高效的、全方位的优质服务。通过不断提高对需求侧的服务和管理水平，进一步拓宽市场份额，促进企业整体经济效益的提高。利用合作伙伴开拓潜在市场，充分利用技术平台优势，推进与上下游企业的深度链接，积极探索和研究新的业务模式，寻找新的价值创造能力点和利润增长点，孵化出新产品、新服务、新业态、新模式，实现增量价值创造。助力"走出去"业务战略，开展新的工程营销服务。

技术和创新管理过程的实施。强化科技力量，配置创新资源，形成实验室体系-高度重视实验室的建设、不断优化实验室布局和未来方向，形成具有企业特色的实验室（创新平台）体系。在现有平台建设方面，始终坚持"计划编制—项目申报—执行监督—年度评价"全链条平台建设管理和实验室创新机制。在新增平台策划方面，始终坚持"围绕主责主业，开展各级创新平台（实验室）策划布局"的新增平台工作思路，积极获取，把握国家、省部级平台建设趋势，围绕主责主业，定期组织内外部专家力量梳理可新增平台突破点及相关清单，通过共申共建、强强联合等方式方法，提高创新平台申报成功率。近三年圆满完成十几项国家重点项目建设任务。建立"策划要准确、整合要充分、提炼要深入、宣传要到位、合作要共赢"的奖励申报工作机制——坚持以问题、结果为导向，围绕重大科研、重大工程、主网架运维等科技创新主战场遴选有效解决实际问题、应用成效良好的成果，深度融合产业链上下游各单位的优质成果，邀请行业内权威专家开展成果总结提炼，采取院士评审机制，积极开展成果专题宣传，持续拓展科技奖励申报渠道。加强专业人才队伍建设，产学研深耕技术创新，实现核心技术自主可控和替代进口——企业重视技术人才的培养和引进，完善选人用人长效机制，打造了一支高素质的技术创新与服务人才队伍。充分发挥产业"链长"优势，以需求引领整合产业链上下游，开展直流输电关键核心技术攻关，打破国外技术封锁，实现关键核心技术自主可控。聚焦全球性难题，集成优势资源，组织技术攻关，成功取得多个世界级首创成果。

品牌过程实施。增强品牌建设工作的政治站位，精心打造两个窗口。企业党委以习近平总书记在全国宣传思想工作会议提出的"举旗帜、聚民心、育新人、兴文化、展形象"15字使命任务作为品牌建设工作的根本遵循，围绕单位改革发展目标任务和社会关切，建设了完善的品牌建设工作体系。领导亲自参与讨论方案、亲自部署、亲自参与活动，精心打造了多个对外展示窗口，在对内发挥引领示范基础上，对外体现了企业风采和形象。建设"正能量"平台，传播企业形象。企业党委书记牵头主持"正能量"线上平台建设，通过该平台对于企业日常经营活动和经营理念的宣传，传播品牌的核心价值，有效提升了形象和美誉。

人力资源管理过程的实施。不断优化组织治理架构，简化管理层次，快速适应市场变化的需要，率先以实际业务量为基础，运用人员对标法、设备定编法和劳动效率法等专业人力资源管理工具进行咨询岗位编制测算，并按照"分工合理、职责清晰、因事设岗、以岗定责、以责定人"的原则设置岗位和确定人员配置，明确了各岗位人员在人事、财务等方面的权限。以党建和文化为引领，以卓越绩效管理为抓手，通过员工、上级、部门、党委班子"四位一体"责任体系，将业务驱动的"人力资源管理"升级转型至员工自主创新驱动的"人力经营管理"，并制定和实施制定实施"一人一策"人力资源发展策略，通过充分授权、透明公开、快速响应、全方位培育和职业发展通道模式、荣誉激励和公平公正的晋升机制、和谐开放的工作氛围、富有竞争力的薪酬及其福利保障与员工关爱，形成与员工和合共生的良好局面。为了解决不同性质班组的管理差异，激发员工创新活力，探索开展了班组"扁平化"管理试点，推行以班组成员的能力为管理核心的能力管理，最大限度地发挥每个班组成员的能力，实现个人能力价值的最大化，从而实现整个班组发展目标和技术服务创新。部门和班组负责人根据具体工作任务，统筹考虑班组成员的专业特长及相关专业人才培养需要，组建临时团队开展研究攻关，从而加大班组管理跨度，强化班组之间的互动和激荡，形成相互学习，你追我赶的良性竞争的氛围，帮助每个员工快速成为能够"独当一面"的能手、专家，促使整个班组产生巨大和持久的创新能力和竞争能力。

财务管理过程的实施。以全面预算牵引企业经营活动，坚持三个导向，抓好各年度预算方案的逐级分解和实施，科学设定预警规则，加强执行跟踪管控，依托战略运行监控平台及时纠偏，确保经营目标实现。进一步发挥好全面预算的战略引领、资源配置、经营管控和风险防范作用，持续强化单位战略—中长期规划—年度预算的有效衔接，统筹调控资源，推进业财融合，夯实管理基础，推进全面预算科学化、规范化、标准化、精细化。深化经济活动分析机制，提高经济形势预判和管控能力。通过资金计划和零余额账户管理实现对资金从计划预测到日常结算等资金业务的全范围管控和一体化管。提高资金使用效率，节约资金成本，实现了资金管控的合规性和高效化。2021 年资金计划执行率≥99%，银行账户资金按照上级单位要求及时归集，年度资金集中度达 100%。

基础设施管理过程的实施。成立 TPM 推进小组，根据班组和试验要求建立各类试验设备维保策略，完善了保养制度，设备保养基准书覆盖率 100%；设备完好率提升到 91%以上，达到了行业领先水平。创新设备自主开发与联合开发模式，加快企业检修试验设备智能化升级。

信息和知识管理过程的实施。强化信息与知识资源投入，完善信息与知识管理过程,推动组织创新、提升组织信息化水平。作为一家高新技术服务企业,深刻认识到"知识具有价值、知识能够创造价值",始终将组织知识视为企业取得创新成功的关键因素,基于企业学习平台构建企业知识管理系统,实现组织知识管理标准化、流程化、信息化和可视化,有效促进产品创新,保障项目高质量交付。按照GB/Z20986《信息安全事件分类分级指南》和上级单位的要求,制定和实施企业信息安全管理的总体要求和风险事件应急方案。通过密文、密钥、加解密算法、主从设计、VPN硬件认证等技术手段,以及双机热备、故障主动介入、异常侵入监控、端口绑定、物理隔断、防火墙、使用权限管理等软硬件管理预防措施,提高整个信息系统的安全性和可靠性。通过运用卓越绩效管理、经验反馈管理、系统化培训管理(SAT)、对标管理、自我评估、管理巡视、委员会和小组、师带徒、技能比武、头脑风暴、录制视频、讲故事、复盘行动、绩效面谈、程序编写、教材编写等先进知识管理理念和方法,实现知识的创造、获取、共享、应用,并通过文档管理、图书资料管理等信息系统实现知识的集中安全存储和快速便捷利用。

全面风险管理过程的实施。按照国资委《关于进一步深化法治央企建设的意见》,深度融合内部合规、内控及全面风险管理流程,精简管理层级、优化管理流程和环节,建立了以"强内控、防风险、促合规"为目标,协调运转为支撑的"1+N"的合规、风险、内控一体化管理机制,形成资源节约、管理高效的风险管理的有机整体。通过内控、合规、风险一体化管理机制,围绕重点业务、关键环节和重要岗位,识别出前五大内控缺陷和前五大风险,对照《内控缺陷识别、风险评估标准》评出重要缺陷和一般缺陷、重大风险和一般风险,并进行事先预防、事中控制与改进,事后经验教训的学习与分享,确保全面风险管理覆盖全员、全过程、全体系。

安全管理过程的实施。按"三体系一机制"的快速应急响应,确保组织安全运营。基于作业风险评估结果,每月编制风险监督计划、开展安全督查及任务观察,实现安全管理业务与风险控制的有效衔接。全面梳理作业清单,开展作业风险评估与关键任务识别,风险评估结果日趋完善。总结提炼了"知责强技,护安于行"的安全文化主题,逐步形成了风险管控"双循环"的文化落地机制,并在本质安全文化建设取得了新突破。

（三）过程的改进与创新

通过绩效测量、分析以及各种形式的生产例会、过程分析、部门考核、管理体系内部审核、行业对标等方式、方法对过程的有效性和效率进行评价，识别改进与创新机会，通过经验反馈、小偏差管理、合理化建议等多样化的改进平台和方法开展改进与创新活动。同时改进与创新的成果通过内部网络平台等形式进行分享。

当内外部环境发生重大变化或企业战略目标和规划进行调整时，由综合管理部牵头组织各部门对各过程的适应性进行评审，提出改进与调整要求，以保证过程与战略发展的一致性。

六、测量、分析和改进

基于使命、愿景、价值观、战略和目标要求，构建适应战略发展的测量、分析与改进体系，全面选择、收集、分析和管理数据、信息和知识，支持决策、运营管理及改进与创新。

（一）测量、分析和评价

基于战略和战略目标及企业组织功能，确定的关键战略绩效指标（KPI）、关键过程绩效和监测指标（CPI），按照过程和各部门职责分解并展开到岗位，形成覆盖企业战略关键领域、组织功能、过程、职能、岗位的绩效指标体系。确定办公室是组织绩效的归口管理部门，各部门负责牵头本业务域相应的绩效。

绩效测量系统建立与应用。选择、收集整理数据和信息，应用平衡计分卡、过程业务功能展开等方法，建立企业、过程/部门、岗位/员工三级绩效指标。结合"两表"确定的行动计划（关键指标与重点任务），绩效指标采用关键成功因素等方法进行逐级分解展开，基于历史数据、上一级目标和绩效预测，设定目标值。建立绩效词典，明确指标定义、计算公式、目标值、支撑关系、责任部门等内容，按照组织层次和时间顺序进行监测、分析。通过对绩效数据和相关信息的监测、收集、整理、分析评价，支持企业决策、改进和创新。在建立绩效测量系统时充分收集企业内、外两部分信息。

有效应用对比结果，支撑决策。对标工作实行归口管理、整体推进、分工负责、分类实施、分级落实的管理模式，做好横向协同，加强上下衔接，将对标融入企业日常管理。对标管理涵盖对标模型确定、对标分析评价、对标成果应用在内的全过程，并根据上级单位管理要求持续深化完善，逐步实现各业务的全覆盖。结合单位战略、最新业务梳理和制度图谱，将各类指标、管理实践与先进企业开展对比分析，在综合标杆管理经验的基础上，针对同业对标开展探索与研究，并通过不断找差距、定目标、寻路径、提措施，学习借鉴先进管理经验，实现不断创新超越。对标信息收集指标遵循"数据可获取、通用可对比、表征性强"原则，选取经营实力、效率效益、质量与服务类的评价指标和分析指标。其中评价指标承接战略绩效指标，突出重点、精简设置。对于分析指标，则运用对标信息的收集和应用管理，分析和评价的流程和方法，进行战略绩效预警、监测、决策分析。

绩效测量系统的灵敏性。为了使绩效测量系统能够应对内外部快速及不可预测的变化，定期从指标体系、管理要素等两个维度评价绩效测量系统的适应性、敏感性，适时调整绩效指标测量系统，使其对战略规划、发展方向及内外部的变化保持敏感性，并与战略发展方向及内外部的变化保持一致。通过梳理强化部门职责、三大标准、制度图谱与"两表"指标任务的关联性，融为一体，形成清晰顺畅的职责业务体系，理清部门、岗位职责界面。通过厘清职责业务体系，疏通工作管理中的堵点，对部门职责、岗位职责进行了调整。随后，办公室结合本次梳理，组织在"两表"管控系统对指标任务的责任部门、责任人进行调整，保证绩效测量系统，及时应对责任链的变化。

绩效分析和评价。采用年度工作会、党委会、总经理办公会、管理评审等多种方式进行企业绩效分析评价；通过各专业/专题会议对各分类绩效进行分析评价，例如：安全生产委员会对安全生产绩效进行分析评价，科技月度例会对创新发展绩效进行评价等。每年通过对战略目标完成情况，进行组织成就的分析评价；通过对标、参加各类评选，获得多项荣誉和成就。选择部分战略绩效指标进行竞争绩效、标杆对比分析，按照《对标管理细则》开展对标活动，每年开展对标分析。基于战略规划（长期目标和实施计划）、"两表"（年度关键指标表、重点任务表）的部署，对短长期目标和实施计划完成情况进行衡量、分析和评价，对过程进行有效管控与监测。的所有"两表"指标任务均通过信息系统管控。同时，探索出了符合企业特色的周计划管理，进一步加强实施计划的过程管控、评价。确定应变能力评价的关键因素/维度、内容及指标，通过年度总结和绩效评审，评价组织的应变能力。通过评价发现，整体应变能力提升较大，在快速响应顾客需求、创新能力等方面进展显著，排名稳居行业前列。

利用绩效评价结果识别创新的机会。基于绩效分析、评审，结合战略规划、年度"两表"，从经济性、必要性、推广应用价值、紧迫性等方面系统识别改进优先事项。根据上级下达的五年发展规划和远景目标展望，制订、发布并管控五年发展规划、专业发展规划及科技发展规划等；依照下达的年度"两表"，通过年度"两表"明确改进与创新方面的年度计划和目标。当改进无法达成目标或者发现突破性的创新机会时，各层级按权限决策是否推进创新。需要时，创新机会传递和展开至顾客和全价值链相关方。

(二)　改进与创新

基于卓越绩效模式和上级单位相关要求，构建改进、创新管理体系，策划改进、创新方法和流程。确保各层次、各过程的改进与创新活动有效开展。

改进与创新的管理。明确了改进与创新的过程，在管理和技术层面进行了有效的策划，推动了活动的持续开展。企业党委审议年度工作会议文件、发展规划等文件，策划安排年度重大改进与创新活动，并通过年度关键指标表和重点任务表（即"两表"）进行部署管控。根据上级下达的五年发展规划和远景目标展望，制定、发布并管控企业五年发展规划、专业发展规划及科技发展规划等；依照上级下达的年度"两表"，通过年度"两表"明确改进与创新方面的年度计划和目标，贯彻落实上级在改进与创新方面的考核指标及重点工作任务。

实施、测量、评价改进与创新活动。管理创新项目、科技项目、职工技术创新项目、技改项目等改进创新活动的实施过程通过《创新项目管理细则》《科技项目管理业务指导书》《生产项目管理业务指导书》《管理标准管理业务指导书》等制度进行明确。管理创新项目、科技项目、职工技术创新项目等创新项目的实施管理包括项目策划、计划制定、过程实施、中期检查、项目调整、项目验收、项目收尾等流程。技改项目的实施管理包括项目决策、实施、验收和收尾等流程。管理创新项目、科技项目、职工技术创新项目等创新项目的测量主要通过专家评审的方式开展。制定了全面的评审流程和制度，通过中期检查、验收评审、前置审查等专家评审会议，分析审查创新项目任务目标、考核指标等完成情况，保证了创新项目满足计划任务书要求，实现项目预期目标。

制定"两表"的考核评价机制，对重要改进与创新任务完成情况进行考核评价，建立了考核结果与各部门组织绩效的关联机制，有效评价了改进与创新的绩效。制定了各业务部门的生产、科技、安监、品控等方面的业绩考核业务评价方案，对改进与创新活动的执行情况进行打分评价，有效管控了改进与创新活动的实施质量。建立了以质量、贡献和绩效为核心的科研工作评价机制，对创新项目成果质量、成果贡献和研发成效进行了有效的分析评价。

通过制定《奖励管理业务指导书》，明确奖励的识别、实施、分配、兑现和监督等流程，设立了创新成果评选奖励、荣誉表彰奖励以及大众创新奖励等不同层次的奖励，激励员工积极参与改进与创新活动，营造勇于开拓创新的氛围。其中，大众创新奖励对职工在日常生产经营管理活动中提出并经实践检验，对提高企业价值创造能力、管理效能或社会效益有成效的"五小"活动、合理化建议以及有关工作方式、方法、措施的创新等予以的物质奖励，包括技术创新、管理创新、服务创新等方面内容。

改进和创新方法的应用。改进创新活动覆盖各业务领域、部门和全体员工，采用标准化管理、科技项目等多种形式开展，成果丰硕，保证了经营业绩、管理水平的提升，并为行业提供最佳实践。组织对统计技术和其他方法进行培训，通过线上教育、线下课件、发放教材、"知识包/工具库"、成果交流等多种途径，为员工学习和积累知识提供便利，有效推动各项改进、创新活动的开展。每年对这些方法、工具进行适用性和有效性评价，不断改进或引进新的方法和工具。例如：引入"一人一策、周计划、思维导图"用于过程设计和改进。

第六章 "六性工作法"与国企风险管控

建设本质安全型企业，是坚持总体国家安全观的实践要求，是企业基本战略目标之一，是实现安全生产长治久安的治本之策，其实质是通过建立科学系统、主动超前的安全生产管理体系和事故事件预防机制，从源头上防控安全风险，从根本上消除事故隐患，使人、物、管理、环境各要素具有从根本上预防和抵御事故的内在能力和内生功能，实现各要素安全可靠、和谐统一，逐步达到预防型、恒久型、本质型安全目标。管业务就要管安全风险隐患，根本就在于要紧紧围绕本质安全的目标，加快推进本质安全型企业建设。

用"六性工作法"来分析国有企业安全管理和风险管控措施，在依从性上，要求以习近平新时代中国特色社会主义思想为指导、以安全生产风险管理体系为总抓手，强化安全生产责任体系、保障体系和监督体系建设；在针对性上，坚持面向生产一线，聚焦核心主业生产运行风险，持续深化"一清单一机制"落地运用，扎实开展"旧隐患"整治、"旧设备"风险评估，持续推进生产安全稳定；在实效性上，完善资产全生命周期管理体系，建立健全技术监督指标体系、评价体系，大力拓展前端技术监督，深入推进"线上监督"，推动技术监督向纵深发展；在关联性上，强化数字化转型工作统筹，实现"效率提升、效能增强"，补齐专业短板，强化主业务全链条协同配合，推动实现"四个转变"；在主动性上，要主动识变应变求变，落实企业生产组织模式改革优化部署，积极探索优化生产运作方式，建立协同工作机制；在辩证性上，要审时度势，准确认识两个大局的规律性、互动性，把政治经济、宏观微观、战略战术有机结合起来，既要正视困难，又要坚定信心，保持战略定力和耐心，增强把握大势、把握全局的能力，抢抓机遇、趋利避害，为推动我国经济社会持续健康发展，稳步朝着实现共同富裕的目标迈进作贡献。为了便于理解，本章均以某能源研发和生产型企业为例进行分析。

第一节　强化全过程安全管理底线

一、全过程安全管理建设思路：一抓手三体系双机制

一是以习近平新时代中国特色社会主义思想为指导，以习近平总书记安全生产重要指示和系列论述为根本遵循，牢固树立总体国家安全观和"人民至上、生命至上"理念，统筹发展和安全，加快构建新安全格局。践行"安全第一、预防为主、综合治理"方针和"一切事故都可以预防"的安全理念，坚持"党政同责、一岗双责、齐抓共管、失职追责""三管三必须"原则。

二是以安全生产风险管理体系为总抓手，强化安全生产责任体系、保障体系和监督体系建设，全面应用系统超前、溯源治本的本质安全方法，依靠科技创新和管理创新，持续打造本质安全员工队伍、管理体系、设备设施、建构筑物及环境条件，全面提升安全生产能力，为企业高质量发展奠定坚实基础。坚持总体安全观，承接制订落实上级推进本质安全型企业建设意见的举措，从源头上防控安全风险，从根本上消除事故隐患。

三是构建风险防控、隐患排查治理双重机制，实现各领域安全风险立体防控、联防联控。按照实用好用的标准，进一步完善安监可视化平台功能，深入推进 1+N 作业风险管控机制常态化运转。落实"三管三必须"要求，持续完善安全生产职责清单及到位衡量标准，建立质量评价体系，对管理人员履职不到位、党员"违章"等问题严肃问责。坚持系统思维，推动"标准化+安风体系、三标体系"深度融合，形成三大体系管理映射表。按照"两个坚持、三个转变"理念，健全完善"三体系一机制"的应急管理体系，突出抓好自然灾害监测预警。加强安全生产队伍建设，探索卓越型班组建设，筑牢安全生产基础保障。常态化抓好疫情防控和网络安全。

二、全过程安全管理落地细节：抓住重点分层开展

以习近平新时代中国特色社会主义思想为指导，全面贯彻党的十九大、十九

届历次全会和中央经济工作会议精神，全面落实上级及企业党委部署，聚焦企业主责主业定位，做强做优两个实力，坚持三个导向，持续提升政治判断力、政治领悟力和政治执行力，落实业务+4要求，守牢四个底线，贯彻业务管理四个机制，深入贯彻保重点、守底线、优体系、强支撑、带队伍，贯彻"三新一高"和"稳、破、实"的总体要求，立足企业定位，突出抓好系统研究与成套设计、生产运行分析与隐患整治、技术监督等核心能力提升，支撑企业提高生产系统安全稳定运行水平，突出抓好生产组织模式优化，为企业大力推进智能生产系统建设，实现全息感知、灵活控制，打造数字建设示范样板提供技术保障和组织保障，突出抓好生产管理提升，守牢安全底线，着力解决五个方面形势与问题、三大矛盾，推动生产管理由管控型向治理型转变。重点是从目标层、思路层、抓手层、业务层和保障层五个层级开展，具体如下：

（一）目标层

一个目标，紧紧围绕一个工作目标，即本质安全目标，包括一大一小两个安全，大安全是指要全面支撑企业能源输送通道保持高水平的稳定畅通，重点是要支撑好企业的设备安全、系统安全和网络安全，小安全是指要抓好各项业务的组织、管理和保障，确保人身安全、仪器设备安全、网络安全，守牢自身安全底线。融合三条主线：以精准化风险管控为主线，提升企业抵御、管控、化解风险的能力，以保障体系、监督体系、支撑体系建设为主线，提升现场工作质量，以智能输送系统建设为主线，提升主通道运维能力和运维效率。

两个实力、两个驱动力，在推动目标实现过程中，要围绕企业巩固两个核心竞争力等要求，着力强化软硬实力提升和两个内在驱动力，其中硬实力重点聚焦企业实验室平台、试验装备等硬件资源，坚持高标准建设、规范化管理，着力提升价值创造能力。软实力重点聚焦人员队伍建设（人才驱动）和体制机制创新（创新驱动），其中人员队伍建设以"一人一策"为载体，重点聚焦业务能力水平、管理水平和综合素养提升。体制机制创新以价值创造能力提升为契机，做好业务组织模式的优化、资源的有效整合，提升整体竞争力。

（二）思路层

三个面向，面向生产经营一线即围绕企业安全稳定运行提供扎实的技术支撑，载体主要是现场试验、检修、计量、机巡等各类技术服务和技术分析工作；面向行业前沿即以技术标准化水平提升为依托，围绕关键领域推进工程建设、生产运维、科技研究等成果向技术标准的转化，提升技术标准行业影响力；面向高质量发展即以数字化转型为载体，推进智能技术研究及应用，全面支撑企业数字建设。

三个导向，坚持问题导向，以影响企业稳定运行的关键问题为切入点补短板、锻长板，提升支撑能力，以在业务组织、管理过程中发现的问题为着力点做好业务组织模式的优化、现场组织管理的提升，实现自我本质安全。坚持目标导向，以实现对企业稳定运行的全方位支撑为目标，推动业务布局、能力提升和资源保障，近期重点要围绕企业着力打造核心竞争力持续推进。坚持结果导向，要通过做对标对表，找准支撑点和发力点，从支撑企业建设世界一流企业的作用中体现价值。

政治三力，提升政治判断力，重点就是要旗帜鲜明讲政治，要通过党史学习教育自觉对国之大者心中有数，提升大局意识，能够站在上级和企业本身发展的全局去思考问题，统筹抓好大安全，在抓工作中分清主次、分清轻重缓急。提升政治领悟力，重点是要系统思维，在承接落实中善于从历史和未来等多个维度去思考，真正理解上级安排部署的目的和意图，在部门层面抓好统筹，具体来说，就是要以"两表"为主线，通过生产领域重点任务清单抓好任务的跟进、统筹，确保贯彻落实到位。提升政治执行力，重点就是要按照孟董事长提出的要闻令而动、雷厉风行、令行禁止，增强工作自觉性主动性、担当尽责作为。

（三）抓手层

充分领会上级关于强化"雷厉风行、严勤细实"工作作风建设的要求，不折不扣抓好落实落地，在生产领域工作中全面形成"策划、规范、改善、卓越"的良性循环。以周计划为总抓手，串联各项业务链条，提升生产计划管理水平，抓"实"工作质量，形成"事前计划排没排、事中工作实不实、事后成效有没有"的全过程生产计划闭环管控机制。

落实业务四管要求，坚持管业务必须管安全风险隐患，即管好一大一小两个安全。管业务必须管全面从严治党，要通过加强部门工作与支部工作的融合，加强基层班组与基层支部工作的融合，强化生产领域职能监督与党建监督的融合，形成抓落实的合力，推动上级及企业党委各项工作部署的落实落地。管业务必须管改革创新，即以业务管理模式优化、价值创造能力提升、数字化转型等为载体，抓好生产领域的改革创新工作。管业务必须管法规制度流程，即以标准化工作为载体，做好生产领域制度的梳理、完善，确保各项业务工作依法合规。

守住四个底线，即安全生产底线、网络安全底线、廉洁风险底线和依法合规的底线。

贯彻四个机制，深化资产全生命周期管理机制、设备质量闭环管控协同机制、内外部联合技术攻关协同机制、软硬件平台共享协同机制应用，推动质量变革、效率变革和动力变革，促进高质量发展。

（四）业务层

深化技术服务，打造一流的技术服务能力。以深化拓展为着力点，全面提升对重大技术难题分析的深度与广度。通过两加强、三强化、四完善，打造与上级和企业本身高质量发展相适应的技术监督体系和能力。坚守一个核心、加强两个领域、筑牢三个平台、坚持四个推进，为上级单位创一流提供标准支撑。用好两类项目、实施三级管控、推进四阶段实施，打造企业特色技术优势，全面支撑数字建设。做牢网络安全，守牢小安全、支撑大安全。坚持底线思维，深化全域防御和纵深防御，守牢企业网络安全底线，强化对网络安全支撑。

（五）保障层

强化党建引领，加强组织保障、资质保障、平台支撑、人才支撑、项目物资支撑等，为高质量发展提供坚强保障。重点用好支部平台，推动"两协同两联动"机制运转，形成抓工作合力，以谈心谈话、"一人一策"、专家任期制等载体，将"先人一步、高人一招"要求落实到具体行动上、体现在具体成效上，努力打造一支"政治素质好、管理水平高、业务本领强"的生产职能管理队伍，为企业高质量发展作出应有的贡献。

第二节 全方面提升安全意识

结合业务实际，为建设本质安全型企业，企业首先要分析风险管控各环节运转情况，明确风险管控的目标和原则，对各专业领域评估安全风险，制定预控措施，督促各项措施按计划完成，确保全年运营形势的总体平稳。企业一方面可通过积极推动"1+N"作业风险管控机制，常态化落实日常风险、作业风险预警等机制，实现高质量管控人身风险、突出风险，另一方面，可通过采取"短中长"、"四及时"等策略，重点管控政策与形势新变化、新类型事故事件带来的年初未充分评估的新风险，以基本实现风险可控在控，全年不发生事故事件。

某能源企业在生产安全风险防控、基建安全风险防控、廉洁安全风险防控、疫情安全风险防控、合规安全风险管控、维稳和舆情安全风险管控等六方面出台了多项规定、做了详细规范，下面以该能源企业为例详细介绍其安全风险管控经验。

一、生产安全风险防控

一是坚持以生产安全目标导向，聚焦安全生产责任落实落地，推动"责任—监督—奖惩"良性循环机制有效运转。牢牢抓住"责任制"这个牛鼻子，构建覆盖全面、权责明晰的全员安全生产责任体系，运用全面质量管理工具开展"基于ADLI过程要素管理的安全生产责任制案例卡"研究，编制各级人员《安全生产履职对照清单》。及时落实《新安全生产法》、"三管三必须"的要求，结合安全生产大检查问题发现的情况，不断健全各级人员安全生产职责，完成安全生产职责清单和到位衡量标准的制定。通过加大对违章及不安全事件问责力度，倒逼责任落实，优化完善《安全生产奖惩业务指导书》，坚持主动暴露不考核的工作导向和每月开展"安全检查日"活动以畅通主动暴露问题的通道和形成问题暴露机制氛围，设置"敬业标兵"评选、安全生产专项奖励等调动人员主动暴露问题、解决问题的积极性，提升各部门安全生产工作质量。

二是持续完善"1+N"作业风险管控机制，管控各领域现场作业人身风险。"1+N"作业风险管控机制落实落地，每月有序开展作业风险协调会，做好上月风险管控情况回顾，协调平衡下月作业计划，管控突出作业人身风险。利用安全可视化监督平台构建"穿透、透明"的作业监管体系，做好作业计划、风险评估、安全监督、人员资质、违章问题等管控，常态化开展"线上+线下"监督工作，守牢人身安全底线。组建作业监控专班，印发《作业监控专班工作方案》，做好作业监控专班实体化运转。每周组织各专业管理部门编制下周现场作业监督计划，结合作业类型组织做好到位监督检查以及"四不两直"到位检查，分层级分专业落实监督主体责任，牢牢守住"不出事"底线。扎实做好承包商"等同"管理督查检查，组织各部门开展承包商安全生产状况排查，结合检查发现的问题，全面梳理承包商管理制度标准和管控情况，聚焦责任落实、资源保障、管控机制、考核评价等承包商作业安全"等同"管理关键环节，深入分析承包商作业安全管理现状和不足，研究制定了承包商安全管理专项提升方案，明确提升措施，编制《承包商"等同"管理十必须》，切实提升承包商安全管理能力。

三是全面提升员工安全意识和技能，推进特色安全文化建设。从严开展安全教育培训，全面提升员工安全意识和技能，包括对一线班组人员及安全生产管理人员开展安规每月一考、定期开展管理人员风险知识考试和常态化开展保命教育培训等。以"一切事故都可以预防"安全理念为指引，深度践行"严爱结合、人网共安"的文化管理理念，总结提炼出"知责强技，护安于行"的安全文化主题，推动特色安全文化建设，不断提升安全生产管理水平。

四是推进党建与安全生产深度融合，助力安全生产治理能力提升。切实将安全生产与党建工作同部署、同推进、同检查、同落实、同考核，深入开展党员"双无"活动，刚性执行"党员发生违章不能评先评优"要求，充分发挥党支部战斗堡垒作用和党员先锋模范作用推进本质安全型企业建设。紧扣重点安全生产工作任务，成立党员突击队、青年突击队，发挥支部战斗堡垒作用和党员先锋模范作用。健全各级人员安全生产责任体系，编制"党支部"、"党员"安全生产责任清单，促进"党建+本质安全"深度融合，创新建立"安全+政治监督"联合监督机制，做好过程考核，党建与安全生产深度融合成效持续彰显。

二、基建安全风险防控

基建安全风险防控要点见表6-1。

表6-1 施工安全风险防控要点汇总

主 要 方 面	重 点 细 节
健全安全生产责任制	1. 成立安全机构
	2. 抓住施工安全实施
	3. 盯住监理安全监管
安全风险辨识与预测	1. 进场前各单位全面交底
	2. 开工前风险辨识群力群策
	3. 严格审批重大风险施工方案
加强安全教育与培训	1. 加强安全方针和理念培训
	2. 安全考试合格上岗
	3. 做好施工安全三级教育
抓实施工全过程管控	1. 实行施工作业计划管理
	2. 实行施工作业风险控制"四步法"
	3. 站班会"三交""三查"
	4. 施工机具"八步骤"管理
	5. 安全标志布设和防护到位
	6. 隐患整改五落实
	7. 施工现场"7S"管理
	8. 劳保用品配备到位
	9. 机械电气设备按章操作
	10. 高空作业,特种作业,吊装作业规范操作
	11. 消防安全管理到位
及时风险监督和预警	1. 施工过程中做到"三方四到位"
	2. 抓好风险预判和预警
	3. 提高现场各类应急处置能力

(一) 健全安全生产责任制

一是成立安全机构,明确各单位职责。业主项目部牵头组建项目安委会,协调解决工程建设中的安全管理问题,承担组织、领导安全生产的责任。明确施工单位、监理单位安全责任,建立现场安全生产责任制度,必须严格执行国家和企业各项规范、规程和规定，切实落实各项安全措施，接受业主项目部和地方安全管理部门的监督检查。业主项目部组织与勘察设计、施工、监理等参建单位签订安全生产协议，协议中应明确各自的安全职责、安全目标及考核标准。各参建单位应签订的安全生产协议，严格履行各自的安全责任。明确各级人员的安全责任，各参建单位应按照本企业安全生产责任制的相关规定，组织全员逐级签订安全生产责任书，明确各岗位人员的安全职责及到位衡量标准。业主项目部结合"一人一册""授权到岗"完善岗位职责，明确各管理人员安全职责。

二是抓住施工安全实施。施工单位应设立项目安全生产管理机构，按规定配备专（兼）职安全生产管理人员，制定安全管理制度和操作规程。施工单位按照业主单位基建项目安全生产风险管理体系建设要求，执行安全管理"四步法"，确保风险评估与控制、作业指导书、安全施工作业票、站班会有效开展。施工管理人员要切实履行自己的安全职责：学习并遵守操作规程；正确使用各种劳保用品；发现隐患及时汇报并积极主动排除隐患；严格执行作业审批制度；正确使用并维护设备，会使用消防器材；文明施工，保持整洁；不得违章指挥，制止违章作业。

三是盯住监理安全监管。监理单位应建立健全安全监理工作制度，编制监理规划和监理实施细则，明确安全监理的措施和目标，配置满足工程监理要求的人员，履行安全监理职责，确保安全生产监理和工程质量、工期及投资控制的同步实施。监理人员必须履行职责：认真贯彻执行安全工作规程、安全施工管理规定及上级的有关规定；检查监督现场监理和承包人，施工安全措施的实施。检查承包人安全管理规定的执行情况和各级安全员的到位情况；配合协助其他各专业监理工程师，监督承包人现场安全施工和文明施工。督促做好安全施工设施，发现安全隐患及时提出整改意见。对当场不能整改者，提出书面整改通知书和现场监理共同监督施工单位整改；对安全措施不到位，严重的"三违"现象和严重危及人身安全的施工，有权指令先行停工整顿，并立即报告总监和有关领导。有权根据有关规定，对违章者发出经济处罚通知；对重要施工项目和危险作业，做到事先检查，过程巡视监督；参加检查承包人班前会和预知危险活动，做好"三工制度"（工前讲话、工中检查、工后总结）的实施。参加安全险情和安全事故的现场查看和调查、分析；收集、汇编安全工作信息，并及时向有关各方传递、反馈。

(二) 安全风险辨识与预测

一是进场前各单位全面交底。工程开工前,业主项目部应组织各参建单位(包括勘察设计、施工、监理等)进行全面的安全技术交底,内容包括但不限于:双方责任、工作/许可程序、存在风险及应对措施、应急程序、人员条件/培训、安全目标、安全检查、现场标识与环境、安全工器具、个人防护用品、施工机具等。

二是开工前风险辨识群力群策。工程开工前,施工单位应开展现场勘察,编制施工组织设计、施工方案和安全技术措施并报监理单位、业主项目部审批。应结合工程实际,全面辨识现场作业风险,形成安全风险库,评估风险等级,采取有效的控制措施,降低作业安全风险。当作业条件发生变化时,应结合变化情况开展动态评估。

三是严格审批重大风险施工方案。针对危大工程以及评估为高风险及以上的作业任务,施工单位应当编制专项施工方案。专项施工方案应由施工单位技术负责人审核签字、加盖单位公章,并由总监理工程师审查签字、加盖执业印章后方可实施。超过一定规模危险性较大的分部分项工程的专项方案需组织专家进行论证,按照评审意见修改完善后报业主项目部审批。业主项目部应对施工方案的编制、审批、实施情况进行监督管理。

(三) 加强安全教育与培训

加强安全教育主要是安全意识教育和安全素质教育。工人自我保护的意识和素质是指工人预防发生意外和意外情况出现时自救的意识和技能。

一是加强安全方针和理念培训。贯彻"安全第一、预防为主、综合治理"方针,树立"一切事故都可以预防"的安全理念。确保五不伤害:不伤害自己、不伤害别人、不被别人伤害、保护他人不受伤害、不损害设备设施。严防五大伤害:高处坠落、物体打击、触电、机械伤害、坍塌。严禁三违:违章指挥、违章作业、违反劳动纪律。

二是安全考试合格上岗。对进入施工现场的有关人员进行安全教育经考试合格后方可进入施工现场作业。对特殊工种工人进行专业安全技术培训,经考试合格后方可持证上岗。

三是做好施工安全三级教育。在施工单位公司层面针对性培训国家和地方政府生产方针、政策和法律法规，在施工项目部层面针对性重点开展工地安全制度、施工环境、施工特点及不安全因素等内容培训，针对施工人员层面针对性培训安全操作规程、事故安全分析、劳动纪律和岗位讲评。

（四）抓实施工全过程管控

实行施工作业计划管理。内容包括但不限于：作业地点、作业时间、作业人数、作业内容、风险等级、停电需求、管控措施等。施工作业计划应由施工单位填报，监理单位审核，业主项目部批准。

实行施工作业风险控制"四步法"。施工前开展作业风险评估，编制作业指导书，开具施工作业票，组织召开施工班组"站班会"。

站班会"三交""三查"。施工班组应结合"站班会"对参加作业人员进行"三交"（交任务、交技术、交安全）、"三查"（查衣着、查三宝、查精神面貌），落实安全风险控制措施后方可开工作业。

施工机具"八步骤"管理。施工单位应当按照国家有关规定采购、租赁、验收、检测、发放、使用、维护和管理施工机械、特种设备，建立施工设备安全管理制度、安全操作规程及相应的管理台账和维保记录档案。施工单位使用的特种设备应当是取得许可生产并经检验合格的特种设备。特种设备的登记标志、检测合格标志应当置于该特种设备的显著位置。

安全标志布设和防护到位。施工单位应对可能因施工造成损害和影响的毗邻建筑物、构筑物、地下管线、架空线缆、设施及周边环境采取专项防护措施。对施工现场出入口、通道口、孔洞口、邻近带电区、易燃易爆及危险化学品存放处等危险区域和部位采取防护措施并设置明显的安全警示标志，同时落实"三宝、四口、五临边"施工安全措施。"三宝"指安全帽、安全带、安全网；"四口"指楼梯口、电梯井口、预留洞口、通道口。"五临边"指：尚未安装栏杆的阳台周边，无外架防护的层面周边，框架工程楼层周边，上下跑道及斜道的两侧边，卸料平台的侧边。"四口"防护措施是指：在建筑施工中为了有效地防止高处坠落和物体打击事故的发生，凡在楼梯口、电梯口（包括垃圾口）、预留洞口，必须设置栏杆或盖板、架设安全网；正在施工的建筑物的所有出入口，必须搭设牢固的防护棚。"五临边"防护是指在施工过程中，尚未安装栏杆的阳台周边、无外架防护屋面周边、框架工程楼面周边、跑道（斜道）两侧边、卸料台的外侧边等，必须设置1.2米高的两道防护栏杆、挡脚板或设防护立网。严禁高处作业投掷物料。大型脚手架搭建须严格审批。

隐患整改五落实。业主项目部每月一次开展本工程安全文明施工检查。业主项目部应组织各参建单位建立现场隐患排查治理制度和隐患管理台账，定期开展现场隐患排查。针对发现的重大隐患应及时向工程所在地国家能源局派出机构报告，并制订切实可行的整治方案，做到责任、措施、资金、期限和应急预案"五落实"。

施工现场"7S"管理：整理、整顿、清扫、清洁、素养、安全和节约。本工程推行安全文明施工现场"7S"管理，施工单位是施工现场"7S"管理工作的执行主体，负责基建项目现场"7S"管理的策划、培训及实施工作，并持续改进。

劳保用品配备到位。每个现场人员发放足够的耐烤爆用品，参与施工过程中，全程使用，高温天气下同时要做好高温防护。

机械电气设备按章操作。普通设备，须按照说明书使用，如有必要，要开展培训后方可使用。对于特殊设备，必须持证上岗。

高空作业，特种作业，吊装作业规范操作。方案严格审批，操作人员持证上岗，安全措施完备，设备完好无损方可使用，专人监护到位，统一指挥，确保设备运行平稳，严禁超负荷使用，周边做好围挡警示。

消防安全管理到位。气焊电割、消防器材等配备使用，做好应急处理。

临时用电规范管理：持证上岗、电工维护、无令勿动、检查绝缘、破损勿用、规范操作，现场临电三级配电、二级保护、"一机一箱一闸一漏"配电原则。

做好安全事故宣传警示。

文明施工：现场整齐清洁有序。

（五）及时风险监督和预警，做好各应急能力提升

重大安全风险重点监督，施工过程中做到"三方四到位"。本工程实施安全风险分层分级管控，业主项目部应重点对中风险及以上作业进行管控，检查风险控制措施落实和监理履职情况。重大风险施工，业主项目部要审批方案到位，施工人员安全措施到位，施工项目部人员监管到位，监理人员旁站到位。

抓好风险预判和预警。根据施工风险库，做实做细预控措施，做到未雨绸缪；日常"三会"（月度会、周例会、班前会）对当前工作可能遇到的风险点提醒和预报。

提高现场各类应急处置能力，完善现场安全事故处置方案，强化应急处置建设，确保一旦有事，能够拉得出、用得上、控得住，注意科学施救，防止发生次生灾害。

三、廉洁安全风险防控

基建工程领域具有资金密集、利益驱动大、角逐激烈等特征，牵涉项目立项、可行性研究、初步设计、地质勘探、施工图设计审查、工程开工、基础验收、主体验收、竣工验收、工程结算决算等诸多流程环节，涉及数十个决策、审批环节和程序，每个环节都存在权与利的博弈，因此，基建工程领域成为腐败"重灾区"。从能源企业的基建工程来看，小型基建工程一般为能源设备设施配套的辅助用房和设施建设，投资规模较小、受关注度程度较低、得到上级单位支持有限，根据当地住建系统管理，实施单位由市政招标决定，往往是非长期合作关系伙伴，施工单位总体来说具有技术水平较差、管理较弱、人员素质较杂的特点，虽然实施过程中需要接受当地质监站、环保局、城管等部门监督，但在工程实施中各类活动经常存在"吃喝卡拿要"的情况，廉洁风险防控的点多面广，容易出现"蝇贪"。如何从源头上抓好基建工程领域的腐败问题，构建小型基建廉洁风险防控机制，和工程安全优质完成一样重要，某能源企业结合工程实际，探索了小型基建廉洁风险防控新思路——一体推进"三不"工作机制和监督机制。

一是将廉洁文化"知清崇廉、守正慎行"融入到项目部日常各项工作中，以"知责行责、知廉行廉、知行合一"为准则，力求达到"以知促行、以行促改、以改促效"的目标，大力宣传党的纪律、企业的相关制度要求，率先作出廉洁承诺，将各项工作主动纳入监督下，盯住日常抓在经常，强化"不敢腐"的震慑。

二是坚持问题导向、目标导向、结果导向，抓住关键事、关键人、关键时，积极完善工程廉洁风险防控机制，扎紧"不能腐"的笼子。通过廉洁"三表""三进""三上"，明确廉洁责任义务，构建各参建单位间清爽关系，让"不想腐"的思想潜移默化，强化"不想腐"的自觉。同时结合"党建+基建"系统化常态化工作，组织各参建单位，在一体推进"三不"中，注重协同和策略，做到目标同向，步调一致，协同共进。

三是每月与一线工人、各参建单位人员开展随机访谈，结合上级各类基建工作检查和安委会月度检查，编制《小型基建一体推进"三不"体制机制建设措施清单》（见表6-2）和《工程建设领域二手权力寻租风险点辨识及防控措施表》（见表6-3），为"三不"体制机制每个阶段提供了具体可操作的措施清单，既避免廉洁风险漏项，又有针对性提高了工作效率，实现可严查参建单位廉洁问题、作风不实履责意识不强问题，可及时开展提醒谈话，有效保障"三不"一体推进不断取得新进展新成效。

表6-2 小型基建一体推进"三不"体制机制建设措施清单

一、强化不能腐的震慑		
（一）学条例，明规矩，知敬畏	学条例	开展廉洁学习，学习《中国共产党纪律处分条例》、《中国共产党廉洁自律准则》、《刑法》（第三百八十三条规定、第三百八十五条和第三百八十六条）、《最高人民法院 最高人民检察院关于办理贪污贿赂刑事案件适用法律若干问题的解释》（第一条、第二条、第三条）等党纪和法律制度。
	明规矩	开展廉洁学习，学习《工程建设十项禁令》《员工处分实施细则》等制度规定。
	知敬畏	开展廉洁学习，学习纪律教育月读本、最近上级纪委下发的违法违纪案例等文件，开展反思讨论，让每个人知道"伸手必被捉"和违规违纪成本，给每一个人心中套上一个紧箍咒，从源头上约束。
（二）识风险，辨风险，知禁区	识风险	学习企业《基建项目廉洁风险辨识与防控手册》《工程建设领域防范二手权力寻租实施方案》《基建领域党风廉政建设和反腐败重点问题专项治理实施方案》，掌握小型基建领域廉洁风险所在。
	辨风险	要求全体党员共同参与，辨识和判断小型基建工程廉洁风险点。
	知禁区	将辨识出的风险点汇总，形成基建领域党风廉政建设和反腐败重点问题承接清单，和基地二期工程防范二手权力寻租风险点辨识及防控措施表，再对全体党员进行宣传，实现廉洁防控从群众中来到群众中去。

续表

（三）常抓不懈警钟长鸣警惕常在	打铁首先自身硬	首次见面会，基建分管领导和业主项目部负责人作出廉洁表态，公布本单位纪委办监督电话。重大节假日前夕，对业主项目部成员以及相关人员作出廉洁提醒。
	盯住平常	盯住设计变更、方案审批、工程量核对等节点，防止设计、监理等单位二手权力寻租。
	看住日常	深入工人中间，了解其工资发放情况，弄清工程实施中一些细节，让工程方方面面在掌握之中。
（四）聚光灯下让被监督成为习惯	职能监督到位	小型基建、审计、采购、合同、审计等专责到现场检查各项工作。
	主动接受监督	要求工程周报发送本单位相关领导、专责，企业基建部、项目管理中心相关领导和专责，主动接受监督。
	到位监督检查	本单位相关领导到现场开展到位监督检查，尤其重大节假日和中高风险作业期间。
二、驶入不能腐的轨道		
（一）完善机制		结合工程实际，结合参考昆柳龙工程廉洁风险防控经验，从廉洁教育、廉洁风险辨识、廉洁风险防控、责任追究等方面持续完善，形成工程廉洁风险辨识与防控思路。
（二）抓关键流程	基建招标（采购）	按照有关规定达到招标条件的，应当进行公开招标，不允许采取邀请招标等方式，特殊情况，建设单位须上报上级单位批复同意后方可实施。
		招标控制价应控制在批复的预算范围内，建设单位不得以低于工程成本价发包工程。
		招标文件中确定材料品牌的不得随意变更，若必须变更，须按照流程审批。
		建设单位应当严格按照企业合同管理规定及合同标准文本或住建部颁发的合同示范文本组织签订合同，不得出现明显有利于施工单位的条款。

续表

（二）抓关键流程	进度管理	各级进度计划不得随意调整。确需调整时，应当组织分析评估，并经该级进度计划下达单位审批后调整实施。
		小型基建项目通过竣工验收方可关闭和终止。
		严格按照里程碑进度计划实施，不准越过里程碑节点。
	技术管理	设计单位应当根据当地规划部门批复的设计方案和各有关部门批复，以及可研批复的技术方案和建设规模开展初步设计工作。
		在设备选型与材料选用时，应遵循安全可靠、经济耐用、美观适用的原则，兼顾地方特色，符合环保节能的要求，严格控制工程造价，不应采用进口设备及进口装修材料。
		初步设计涉及对可研批复的技术方案和建设规模不得随意调整，若有调整由建设单位提出调整理由和建议，经企业基建管理部门审核后，报原可研批复部门审批。
		建设单位应当加强施工图纸审查工作，重点核查施工图设计是否符合已批准的初步设计文件，不得擅自增加概算外项目、提高建设标准以及扩大建设规模。
	安全管理	现场安全文明施工，不得随意降低标准，应根据工程进展要求及时跟进配置相关设施。
		已经审批的施工方案安全措施，不得随意更改，不得降低标准。
		现场出现严重违章情况，相关人员不得以此索贿、隐瞒。
		承包单位不得将工程转包或违规分包，一经发现建设单位有权单方终止合同。
	质量管理	建设单位应严格按规定开展质量检查工作，进行第三方检测。
		发现重大质量隐患或发生质量事故时参建单位应当停止施工，按规定上报，并进行调查，在采取切实可靠的处理和防范措施后方能复工。
		项目应当在满足国家和上级单位规定的各项要求时方可进行竣工验收，项目竣工验收包括工程项目实体和档案的验收，不得降低标准。

续表

（二）抓关键流程	技经管理	工程款的支付要以实际完成的经审核的进度为依据，按照合同明确的付款阶段和比例进行支付，不得超进度和超合同支付。
		建设单位应当严格按概算不超估算、预算不超概算、结算不超预算的目标控制工程造价，不得任意变更建设规模、提高工程建设标准。
		结算应当根据有关招标文件和合同约定，在监理单位审核工程量的基础上，建设单位委托具有相应资质的造价机构对施工单位编制的结算书进行审核。
		发生以下情况之一，在达到相关规定要求之前所产生的费用增加均不得作为决算依据：1. 擅自改变建设规模、提高建设标准、提高投资规模的。2. 违反初步设计审查意见的。3. 设计变更未取得批准的。
	基建综合评价	对各参建单位综合评价应按照业主项目部内部公开公正评价，避免一言堂和利益输送。
（三）盯住关键人	管资金费用	盯住业主项目部造价人员、设计单位造价人员、造价人员结算编制人员在造价文件编制过程中严格按照相关规定开展工作，杜绝虚高价格、虚增金额。
	管物质采购	盯住业主项目部合同及物资专责，监理总监、工程师，杜绝在物资采购和验收过程中，以次充好，放松验收标准，牟取不当利益。
	管现场安全	盯住业主项目部安全管理工程师，监理总监、工程师，不得降低安全文明施工措施，将违章违规的行为睁一只眼闭一只眼，杜绝掩埋安全隐患和瞒报安全事故。
	管施工质量	盯住业主项目部质量管理工程师，监理总监、工程师，不得在隐蔽工程、各项分部分项或单位工程验收中降低标准，隐瞒缺陷，杜绝为工程移交投产留下隐患。
（四）抓住关键时	评标	评标结果在本单位总经理办公会审议通过前不得泄露。
	隐蔽工程	验收过程要求做好资料留底，充分证明工程实施质量和数量。
	施工验收	验收过程不得接受施工方宴请，验收关键部位不得更改标准。
	方案审批	应严格按照国家、行业、住建部、上级单位基建管理要求审批。

续表

（四）抓住关键时	签证审批	严格审查工程签证存在内容不真实、虚报工程量等问题。特别是在一些需要特殊技术工艺的工程中，严谨巧立名目，夸大施工难度，以提高工程造价。
	结算支付	工程量必须严格按照实际情况计算，不得虚增数量；结算价格依据严格按照合同和行业规定实施。
	重大节假日	节假日期间和前后不得接受违反规定用公款支付的宴请、游览和非工作需要的参观，不得接受礼品、礼金和土特产品等。
三、提升不想腐的意志		
（一）廉洁"三表"，共享责任义务	上级领导表态	组织开工动员会，各参建单位分管领导当众表态，共建廉洁工程。
	实施主体表态	组织各参建单位项目部签订《廉洁协议书》，明确党风廉政建设责任、权利和义务。
	参建个人表态	规范组织各参建单位相关人员签订《廉洁承诺书》，明确廉洁责任义务。
（二）廉洁"三进"，共构清爽关系	廉洁教育进项目	业主项目部负责人带头为团队廉洁表率，业主项目部为其他参建单位做廉洁表率。
	廉洁教育进工地	深入工人中间，间接了解业主项目部成员、监理人员日常工作中有无索贿、收礼等情况，做到心中有数。
	廉洁教育进例会	在重大节假日前夕凡例会必提廉洁，给相关人员敲响警钟。
（三）廉洁"三上"，共建阳光工程	上党员活动室	设置党团活动室，将党的有关要求明确展示墙上，增强党员的荣誉感、责任感。
	上廉洁文化墙	布置廉洁文化墙，将企业廉洁文化、廉洁故事、廉洁防控措施展示出来，提升党员干部的敬畏心。
	上工程愿景横幅	在显著位置张贴廉洁愿景横幅，给各位党员时刻灌输不想腐的思想。

表 6-3　　　　　　工程建设领域二手权力寻租风险点辨识及防控措施表

序号	风险点辨识	风险等级	防控措施	责任部门
一	业主代表和评标专家			
1	干预专家打分，发表不恰当或倾向性言论影响评标专家判断。	高	加强业主代表管理，严格依照《企业业主代表工作指引》履行业主代表职责，确保评标程序合规。	采购部门、基建管理部门
			认真开展评标前业主代表谈话，对参与企业基建项目评标的业主代表和评标专家进行提醒。	
二	造价咨询单位			
1	造价咨询人员与施工单位串通，虚增工程量，多计施工费，不按合同条款约定的结算原则、标准及设计文件计量计价。	高	组织参建各方开展现场核查，保证工程量数据客观准确。	基建管理部门、工程项目部
			借助企业规划设计所造价力量，加强监管。	
			要求造价咨询人员提交工程量计算核对过程数据，抽查复核造价咨询单位审核的结算结果。	
2	造价咨询人员在结算谈判中未坚持原则，损害利益。	中	建谈判组内部人员应事先沟通明确谈判原则、谈判策略、预期谈判结果。结算谈判中，邀请企业规划设计所造价力量全程介入，提供造价支撑。	
			对对方提出的支撑材料进行详细审查（全面性、准确性、是否与合同条款约定存在矛盾等）。	
			重大合同谈判我方应至少三人以上，谈判过程和结果做好记录或形成纪要。	

序号	风险点辨识	风险等级	防控措施	责任部门
三			监理单位	
1	在现场检查中放宽检查尺度，对存在的问题不要求整改。	中	项目部管理人员加强日常检查，并组织定期大检查。	基建管理部门、工程项目部
			检查中发现的问题拍照留存，做好问题记录和整改闭环。	
			对质量检查记录进行检查，工程项目项目部、企业级检查情况进行对比分析。	
			利用月度会、周例会督促施工单位加强整改，监理单位做好监控。	
2	擅自降低验收标准，违规签署验收合格文件。	高	对照各项单位工程验收规范，提前统一制定并严格执行验收标准。	
			验收时监理、项目分部、设计等各方应全部在场，各方签字确认验收情况。	
			验收情况（特别是隐蔽工程）拍照留存记录，做好档案整理和备查。	
			谁验收谁负责，对不合格项目通过验收的进行追责。	
3	虚增现场变更、签证工程量，多计施工费。	高	项目部管理人员盯住验收关键节点，跟踪实施过程环节，确保监控不缺位，不漏位。	
			规范签证内容，确保证明性材料详实完整。	
			建立签证台账，结合企业政治巡察和内部审计，定期抽查。	

四、合规安全风险管控

按"1+3+6+N"制度流程规范执行。工程全过程严格按照基建领域"1+3+6+N"制度执行，严格按照审批流程，规范开展，做好工作的计划性。

把关技术规范书采购方案编制。提前制订编制计划，搭建模板，邀请专业人员审核，按照流程审批，后续根据实施遇到的问题总结经验。编制技术规范书时要抓住技术关键点、关键约束，成果明确。编制采购方案时，划定准确的采购需求范围，设定既满足规范又合适的投标人资格条件，明确投标报价要求，确定评标方法、评标标准，选择合适合同文本。

加强签约管理，提高签约质量。资质满足要求，在具体签订合同的过程中，有必要收集签订合同所需资料及信息。审查乙方有无签订合同的主体资格及资信状况，审查合同的效力。合同附件完备。建设工程施工合同有其自身的特点，合同的标的物较为特殊、履行期限周期长、金额大、合同条款内容多、涉及方方面面的问题。合同的组成文件一般包括：合同协议书；中标通知书；投标书及其附件；合同专用条款；合同通用条款；标准、规范及有关技术文件；图纸；工程量清单；工程报价书或预算书。内容清晰准确。一般合同的主要条款包括：工程范围、建设工期、中间交工工程的开工和竣工时间、工程质量、工程造价、技术资料交付的时间、材料和设备供应责任、拨款和结算、竣工验收、质量保修范围和质量保证期、双方相互协助等条款。针对建设工程施工合同经常容易发生纠纷的三大核心问题：工程造价、工期、质量问题，应在合同作出更为明确、具体的约定。工程造价条款是建设工程施工合同的必备和关键性条款，约定不明或者计算方法不确定，都会导致将来履行中产生纠纷。

加强履约管理，提高履约质量。严控进度质量。严格按建设工程施工合同约定的工期、质量标准认真履行合同。抓好结算支付。做好工程造价管理工作，强化施工中间费用管控和支付。合同造价的确认和结算始终贯穿于合同履行的全过程，合同价款包括履行过程中的预付款、进度款、结算款等。做好痕迹管理。在合同履行中，建立完善的资料记录和科学的管理制度，认真系统地积累和管理工程各种文件、工期、质量、进度及财务收支等方面的资料。依法依规维权。合同履行中，各种问题的纠纷时有发生，首先进行商讨。然而，在协商不能的情况下，准确、及时运用法律，既是一种权利的行使，也是解决问题的有效手段。

五、维稳和舆情安全风险管控

做好日常信息收集，及时风险评估预判。经常走访施工班组人员，了解施工人员动态和关注点，盯住春节、事故事件发生等重要节点，了解施工人员工资发放情况和思想动态。抓好工人工资发放记录和照片，强调痕迹保留，避免因工资发放引起的舆情和维稳事件。工程现场相关单位发生费用纠纷时，及时了解问题和进展情况，做好监督和提醒，避免问题转移到我方。与党建部门保持沟通联系，网上出现与项目部相关不良言论，及时分析情况，了解事情真相，做好最坏打算，并作出针对性措施。

及时向上汇报请示，信息畅通步调一致。发生问题后，与各方人员沟通了解来龙去脉，将相关情况与企业领导、对口职能部门负责人汇报后，商定处理措施立即实施。解决措施实施后和工作中实时变化，及时向上级报告。根据事态发展需要，可向上级单位相关部门汇报。

想方设法妥善处理，问题不升级不上交。本着依法、及时、就地解决问题与疏导教育相结合的工作原则，切实做好矛盾纠纷排查化解，将问题控制在一定范围内，力争妥善处理，问题"不升级""不上交"。如需借助当地政府力量，联系开发区企管局和公安力量协助解决。如果事情扩大，根据企业领导指导意见，向上级单位对口职能部门汇报咨询，根据其指示，依法依规处理相关问题。

第三节 把控各类风险创建管理新思路

一、项目管理

管控总思路是履行工程建设、防控工程管理风险使命，打造一个安全优质阳光工程；执行基建工作标准和技术标准，夯实项目常态管理和应急处置两项基础；发力三个方向，即规范参建各方行为、提高工程建设效率和防控工程建设风险；强化三个体系，即责任体系、保障体系和监督体系；负责办理、组织协同、服务指导、监督考核等方式履行业主职责；负责办理好业主各项工作，制定好各项工作计划，组织协同解决好建设中出现的各项问题，服务指导档案管理、现场施工作业计划等内容，监督考核各参建单位，建立健全各项工作风险预知、预判、预警、预控四位一体管控体系，督促工程按照市政建设要求和企业基建管理制度方向前行；紧盯工程施工安全，严防廉洁安全、抓好疫情安全，兼顾合规安全、维稳和舆情安全，确保项目全过程依法合规建设和安全、质量、进度、造价目标实现；做好前期策划，运用合规理念，标准化引领，营造良好的团队氛围，进一步培育大安全文化，使各项工作落到实处体现实效，在小型基建领域，助推项目管理水平不断提升，实现用标准强管理、夯基础争创新、激活力育人才、助推企业高质量发展、小基规范化实施做好先锋官和创造出具有引领作用和推广价值的"小型基建经验"六项收获。

实施"1+3+6+N"管理模式，一个业主项目部统筹全局。业主项目部实施项目经理负责制，抓项目全面实施；各专业工程师按照岗位责任书和"一人一册"要求，要求团队协作按照"三不四讲"要求，履行各自职责，又互相补位，杜绝管理真空。三个榜样示范助推工程。成立党员突击队，设定党员先锋岗，划定党员责任区，发扬昆柳龙精神，发挥榜样示范作用。六方参建单位各负其责。在国家、地方法律法规和行业规范约束下，建设企业业主项目部组织协调监理、总承包（含勘察设计）、施工、检测、造价单位各负其责，安全高效完成合同约定。N个参建人员共同合力。实施过程中，分层落实安全管理责任制，层层抓实，从而使全体参建人员共同合力，落实好依法合规建设和安全、质量、进度、造价等方面风险辨识和管控，抓好舆情和维稳监控、疫情防控。

二、标准管理

一是全员参与共同推进。企业领导班子要亲自抓、亲自部署，第一时间成立企业标准化管理委员会及技术标准、管理标准、岗位标准专业委员会，配置精兵强将，细化明确职责，形成健全的工作推进组织体系。统筹制订并印发创建行动方案、三年工作规划等纲领性文件，对创建工作进行系统谋划，并分解纳入年度工作要点、两表形成具体任务清单，建立周会、简报机制，加强创建工作的监督检查。针对创建工作不同阶段的特点和需求，召开企业动员会、行动部署会以及各类宣传培训会，充分调动大家的积极性、主动性、创造性，形成全员参与、心往一处想、劲往一处使的生动局面。

二是立足实际建立体系。立足企业自身的实际，构建特色鲜明的企业标准体系。创建工作坚持从企业自身业务繁杂、同质性弱、技术水平要求高等实际特点出发，在依从行业体系导则基础上，创新性地以符合自身模式高质量开展业务及标准梳理、标准修编、推演与宣传等工作。按照统一、协调、完整、规范、适用的原则，发布《企业标准体系》《企业管理业务名录》《企业制度图谱》等系列文件，累计修制订内部技术标准、管理标准、岗位标准，构建了具有鲜明"企业特色"的标准体系，实现了标准"三个全覆盖"（即生产技术全过程覆盖、企业管理全业务覆盖、岗位标准全岗位覆盖），确保国家法律法规、行业通用技术标准、上级制度规定等在企业得到全面贯彻和本地化融合。

三是持续运转提升管理。持续铸牢标准化工作理念，推动体系有效运转。扎实贯彻上级和企业重点工作要求，按照"三性"工作法（即依从性、针对性、有效性），以"执行力"建设为核心，在工作中凡事讲依从、讲制度、讲标准，并注重通过各类专题研讨、专项任务等加强思想锻炼和实训培养，用标准化的理念重塑干部员工思维模式和行为习惯。积极探索开展授权到岗，全面梳理各岗位技术要求、流程权责，确保技术标准、管理标准通过岗位标准得到有效落实，推动标准体系常态化运转。建立健全标准执行、回顾、评价、滚动更新机制，突出各项标准的纵向贯通、横向协同，推动各项管理基础不断成熟完善、持续升级。

通过创建标准化良好行为企业，企业各项业务的技术要求进一步清晰、管理机制进一步健全，发展基础得到全面夯实，企业整体工作面貌焕然一新，以往单纯依靠行政指令推动工作的局面得到根本性改变，自发向前、自我完善、持续改进、追求卓越成为大家的工作习惯。

三、质量管理

管控思路是坚持"百年大计，质量第一"方针，以质达能优、规范达标、绿色可靠、文档齐全、零缺陷作为质量总体目标，以安全质量管理委员会为抓手，建立完善工程质量管控体系和评价体系，围绕质量管理行为规范化和工程实体质量控制标准化，全面推进工程质量持续提升。

一是成立安全质量管理委员会。建设、监理、总承包（含设计、勘察）、施工单位成立安全质量管理委员会组织机构，商定人员构成，制定《工程安全质量管理委员会职责、安全质量管理办法与奖惩制度》《工程安全质量管理委会安全奖励实施细则》，明确运作方式。

二是建立质量责任体系，参建单位及其责任人应承担相应的工程质量管理责任。以质量门管控、关键质量控制点抽查检验、质量验收与评定以及质量责任追溯等方式方法，监督工程参建各方落实质量管理主体责任。

三是健全工程质量控制体系。做好质量保监，接受政府工程质量监督检查。质量管理委员会每月开展质量检查工作，紧盯涉及结构安全、节能、环保和主要使用功能等重要部位的质量情况。主要材料，做好见证取样及结果跟踪。隐蔽工作要求监理单位做好旁站，照片、录像、监理见证记录等痕迹保留齐全。发现重大质量隐患或质量事故苗头时应立即停工，不瞒报，切实可行措施实施后方可复工。抓好过程和专项验收，及时处理缺陷，慎重竣工验收。做好竣工验收与档案验收同步开展。

四是用好工程质量评价体系。依据施工过程质量管控情况，和月度质委会检查、季度安全大检查发现存在的质量问题，对承包商进行综合评价。根据合同条款，对出现的质量事故和存在的施工质量违约情况进行罚款。将施工过程存在的各种质量问题，向企业项目管理中心和基建部反馈，影响该单位在本单位所在系统行业投标资格。

四、技术管理

一是确定技术管控思路。遵循国家和行业有关制度规定，按照上级相关要求，兼顾节约化原则，实行项目全过程技术规范化、标准化管理。

二是依从性管理。项目设计必须遵照国家和行业有关工程建设方针、政策和强制性标准以及规程规范的要求，满足企业反事故技术措施要求，选择资质满足要求的勘察设计单位，坚持先勘察、后设计、再施工的原则，贯彻落实企业相关要求，满足安全稳定、绿色环保、经济运行需要。

三是节约化管理。设备选型与选材，遵循安全可靠、经济耐用、美观适用的原则，兼顾地方特色，符合环保节能的要求，严格控制工程造价，不采用进口设备及进口装修材料。

四是标准化管理。初步设计严格按照根据当地规划部门批复的设计方案和各有关部门批复，以及可研批复的技术方案和建设规模开展工作；初步设计经过企业基建部门委托具有相应资质的机构评审，施工图设计经过第三方具有对应资质单位评审，评审单位出具正式盖章的评审报告。施工图纸审查重点核查施工图设计是否符合已批准的初步设计文件，不得擅自增加概算外项目、提高建设标准以及扩大建设规模。

五、造价管理

管控思路是依法合规规范执行，分阶段静态控制、全过程动态管理，杜绝红线，实现各阶段工程造价的有效控制，力争实现最优控制。

管控措施包括：依法合规开展造价工作，严格遵守国家法律法规、行业规范，企业规章制度，遵守合同约定。规范化执行造价和支付，可研估算、初步设计概算、施工图预算均按照企业评审意见执行；工程款支付严格与进度对应，按合同执行，杜绝超付。第三方协助管控堵漏洞，引入专业造价咨询单位，实行分阶段静态控制和全过程动态管理；竣工决算时引入第三方单位进行审计。树立底线思维力争最优，工程造价目标控制确保不越底线（概算不超估算、预算不超概算、结算不超预算），不得任意变更建设规模、提高工程建设标准。项目力争实现零变更、零签证，达到造价最优控制。

六、进度管理

管控思路是以小型基二级进度计划为底线，科学制订三级进度计划，以作业计划"五关联"为抓手，严控体外循环，建立健全作业计划协调机制，确保年、月、周、日计划可控在控。

一是科学制订进度计划。以企业下达的里程碑计划为基础，统筹考虑相关部门需求、安全风险控制、建设环境变化、建设资源投入等因素，按照综合效益最优原则，提出建议，协助企业科学制定二级进度计划。要求施工单位以二级进度计划为底线，制订翔实可行的三级进度计划。

二是科学管控进度计划。第一，作业计划"五关联"，严防体外循环。督促工程参建单位应将所有作业任务纳入作业计划管理，严禁体外循环。利用数字化信息化手段，实现作业计划与现场监控探头、施工作业票、施工人员考勤打卡、物资出库、进度节点等信息关联，与业主项目部人员绩效关联，与劳务人员工资发放关联，与承包商履约评价关联，与工程结算挂钩关联，通过信息系统、视频监控等，开展大数据分析、关联信息比对，及时查处作业体外循环行为。第二，建立健全作业计划协调机制。按照"线上信息共享，线下及时协调"原则建立施工作业计划沟通协调机制。业主项目部根据审定后的月度作业计划，每周动态审批周施工作业计划，与各参建单位一起协调计划的实施和平衡。第三，夯实基础，科学合理做好年计划。年度施工作业计划以基建工程二级进度计划为基础，结合投资计划、项目招投标安排、工程里程碑计划等情况，组织设计、施工、监理等单位和物资部门科学合理制定，通过作业计划沟通协调机制，经分层级综合协调平衡。第四，统筹安排，综合协调平衡月计划。项目部以基建工程三级进度计划为基础，结合工程进展、物资供应、停电计划和危大工程清单等情况，每月月底前组织监理、施工项目部编制完成次月度作业计划，重点从资源配置、风险管控、承载能力、作业饱和度等方面进行平衡，确保月度作业计划合理、有序、规范、安全。月度作业计划平衡时应杜绝"两个不合理"（作业风险不合理、管控层级不合理），严防"三超"（超能力、超强度、超范围）作业。第五，灵活处理，临时任务做好周计划调整。施工项目部负责将发布的月度作业计划细化为周计划。第六，加强督促，周密管控日计划落实到位。施工项目部组织施工人员开展具体作业。

七、党建廉洁管理

一是确定工作思路。提高政治站位，落实一岗双责，充分发挥基层党组织战斗堡垒作用和党员先锋模范作用，做好廉洁内控，与各参建方一起打造安心工程。

二是提高政治站位。以习近平新时代中国特色社会主义思想为指导，增强"四个意识"、坚定"四个自信"，做到"两个维护"，落实党政同责、一岗双责，实现党建与基建业务深度融合。坚决贯彻落实党中央政策方针，贯彻落实企业党委各项决策，并将上述精神融入具体工作中。

三是发挥表率作用。以所在党支部组织活动为依托，充分发挥基层党组织战斗堡垒作用和党员先锋模范作用，成立党员突击队，设定党员先锋岗，划定党员责任区。

四是做好廉洁内控。加强对工程建设领域的廉洁风险管控和监督，严格抓好小型基建工程项目防范二手权力寻租风险点辨识及防控，做好预防基建领域党风廉政建设和反腐败措施，一体推进"三不"体制机制建设，落实监督体系问题发现机制。

五是共建安心工程。加强与各参建单位联系，每季度与各参建单位代表进行座谈，听取各单位对项目廉洁防控意见建议，收集问题线索，规范供需双方业务往来活动，共同维护双方合法权益，共建"清爽"的合作关系，打造阳光工程、廉洁工程、安心工程。

第七章　主要结论

国有企业高质量发展是推动我国经济社会高质量发展最为重要的力量之一。进入新时代，加强国有企业党建与生产融合，是推动高质量发展的内在要求。本书立足国有企业党建的实践，分析出党建与生产融合过程中存在的党建-生产"两张皮"难题，主要体现在两方面：一是在日常生产经营过程中"轻党建、重生产"，在愈来愈激烈的市场竞争压力下，各级生产经营单位都要承担较重的生产经营指标压力，大多数领导班子成员认为完成生产经营任务才是"硬指标"，党建工作只是"软任务"，因此主要把精力放在抓生产经营上，甚至出现应付党建工作以完成上级的检查考核的现象。例如，一些部门党员教育抓得不紧，"三会一课"制度坚持得不好，一些主要活动没有开展；有的部门连最基本的党建工作计划都没有，或者工作安排不结合实际，照抄照搬面上安排，工作流于形式。二是由于国有企业党组织存在学习理论"不深""不悟""不透"的问题，在理论与实践的结合中"重形式、轻实效"，例如有些国有企业没有很好地将生产与经营党建工作结合起来，没有将职工业务培训、考核与职工党员的培训结合起来，没有从以往的经验的束缚中解放出来，缺乏改革创新精神，教育方式方法落后，跟不上企业改革发展的步伐，导致信息闭塞，效果欠佳。

本书提出的"六性工作法"，将党建与国有企业主要日常管理业务进行融合，尝试破解党建-生产"两张皮"的难题。

在本书的第四章，笔者介绍了如何运用"六性工作法"提高国有企业的管理效率。为了加强管理体系顶层设计，推动企业管理持续迭代升级，全面增强基层的执行力和活力，有效激发各层级的工作积极性和创造性，探索出了帮助做好总策划"塔形工作思路法"和能够疏通体制机制的"四步法"，并界定了职能部门这个重要的子系统应该发挥的作用。一个完整的塔形图包括目标层、核心层、执行层和支撑层四层，制定塔形图时需要完整考虑六性工作法中的"六性"。形式主义、官僚主义、享乐主义、奢靡之风这"四风"问题会严重损害党在群众心中的形象，是党和国家事业发展的大敌。国有企业要做到意志坚强纠"四风"树新风，以良好的作风建设、企业文化、干部精神为履行党和人民赋予的历史使命提供保障。从六性工作法看党风廉政建设：依从性要求抓学习教育，辩证性要求抓思路方向，针对性要求抓重点难点，实效性要求抓督促落实，关联性和主动性要求提高三个认识。在这部分还提出了运用巡视巡察的工作方法来管理企业，巡视是党内监督的重要方法，坚持问题导向和效果导向相结合，能够真正做到切中要害，并激发党员干部员工队伍的积极性、主动性和创造性。在国有企业管理中，也可以学习巡视巡察的工作方法。用六性来看巡视巡察的适配性，依从性对应服务大局，做好企业自身定位，实效性对应实事求是，树立正确政绩观，针对性对应重点发力，及时沟通交流，关联性对应抓住关键，增强系统意识，主动性与辩证性对应严以判断，聚焦三个真假。党的建设离不开坚强有战斗力的队伍，同样，一流的企业也必须有一流的党员干部人才队伍。要按照企业党委的部署和要求，聚焦"转化"狠抓落实，多措并举努力解决打造高素质的干部人才队伍人才摇篮过程中各种问题，实现企业干部员工从高学历到高素质的转变。在这个过程中要用"六性"提升"六力"，即用依从性强化大局意识提升政治能力，用针对性强化导向意识提升业务技术能力，用实效性强化责任意识提升管理能力，用关联性强化协同意识提升整合能力，用主动性强化担当意识提升承压能力，用辩证性提高思维能力。创新是引领发展的第一动力，在深化国企改革背景下发挥科创引领，不断突破"卡脖子"技术，培育"专精特新"，能够有效激发国企活力。因此，要着眼打造创新核心的目标，始终坚持真创新、创真新，围绕攻关项目，全面推进"产学研用"协同创新，与此同时转变创新意识，提高前瞻性视野。在改革创新方面，依从性要做到适应改革新形势的新要求，针对性要做到突出重点问题解决举措，实效性要做到推动科技创新成果落地落实，关联性要做到统筹规划加强科创工作深度融合，主动性要做到直面困难跟进新变化新需求。

　　在本书的第五章，笔者介绍了"六性工作法"下国有企业全面质量管理的实践。开展全面质量管理工作是落实国家及党中央战略部署的重要载体，开展全面质量管理工作是提升企业管理效能的必由之路，开展全面质量管理工作，能够学习借鉴国内外企业界成熟的管理理论、模式、工具、方法，结合企业实际，形成一套具有企业特色、国际领先的管理模式，建立体系完备、科学规范、运行高效、国际接轨的企业管理体系。用六性工作法去深入思考企业的全面质量管理，在依从性上，全面质量管理要求牢固树立和贯彻落实新发展理念，坚持质量第一、效益优先，在标准化5A认证的基础上使用全面质量管理理念，全面提高产品、工程和服务质量；在针对性上，全面质量管理要求以"全员、全业务、全流程"为目标持续开展工作机制的再梳理，不漏掉任何一个重点管理环节，通过发现问题解决问题来提高质量；在实效性上，全面质量管理要求做好过程痕迹管理和交付物管理，结合周计划、工作清单等管控手段，加强工作的过程式管控，形成关键节点报告、周计划交付材料等过程材料，完成一项工作必须有成果证明材料，有了问题清单后，要把整改责任落实到具体的责任人，牵头完成整改，整改要有痕迹，有效果；在关联性上，全面质量管理要求从职责流、任务流引导全体员工理清工作中的关联性，避免点对点做事，高性价比地开展工作；在主动性上，全面质量管理要求在工作中运用PDCA循环管理思想，全体员工树立先做先行的工作态度，要在主动思考的基础上想清楚具体干什么、怎么干，在落实阶段，要真正地去做、真正地去执行，还要闭环管控不断回顾评估，针对出现的问题及时纠正调整，还要抓好总结，总结经验教训；在辩证性上，全面质量管理要求明确讲依从、讲制度、讲规范的工作方法，弄清楚哪些是自己要做的事，如何才能做好自己的事，持续强化工作的规范性。

在本书的第六章，笔者介绍了"六性工作法"与国企风险管控的融合，详细介绍了如何建设本质安全型企业。建设本质安全型企业，是坚持总体国家安全观的实践要求，是企业基本战略目标之一，是实现安全生产长治久安的治本之策，其实质是通过建立科学系统、主动超前的安全生产管理体系和事故事件预防机制，从源头上防控安全风险，从根本上消除事故隐患，使人、物、管理、环境各要素具有从根本上预防和抵御事故的内在能力和内生功能，实现各要素安全可靠、和谐统一，逐步达到预防型、恒久型、本质型安全目标。管业务就要管安全风险隐患，根本就在于要紧紧围绕本质安全的目标，加快推进本质安全型企业建设。用"六性工作法"来分析国有企业安全管理和风险管控措施，在依从性上，要求以习近平新时代中国特色社会主义思想为指导、以安全生产风险管理体系为总抓手，强化安全生产责任体系、保障体系和监督体系建设；在针对性上，坚持面向生产一线，聚焦核心主业生产运行风险，持续深化"一清单一机制"落地运用，扎实开展"旧隐患"整治、"旧设备"风险评估，持续推进生产安全稳定；在实效性上，完善资产全生命周期管理体系，建立健全技术监督指标体系、评价体系，大力拓展前端技术监督，深入推进"线上监督"，推动技术监督向纵深发展；在关联性上，强化数字化转型工作统筹，实现"效率提升、效能增强"，补齐专业短板，强化主业务全链条协同配合，推动实现"四个转变"；在主动性上，要主动识变应变求变，落实企业生产组织模式改革优化部署，积极探索优化生产运作方式，建立协同工作机制；在辩证性上，要审时度势，准确认识两个大局的规律性、互动性，把政治经济、宏观微观、战略战术有机结合起来，既要正视困难，又要坚定信心，保持战略定力和耐心，增强把握大势、把握全局的能力，抢抓机遇、趋利避害，为推动我国经济社会持续健康发展，稳步朝着实现共同富裕的目标迈进作贡献。

参 考 文 献

[1] 中华全国总工会政策研究室编. 中国企业领导制度历史文献 [M]. 北京：
经济管理出版社，1986.

[2] 毛泽东. 毛泽东选集（第二卷）[M]. 北京：人民出版社，1991.

[3] 薄一波. 若干重大决策与事件的回顾：上卷 [M]. 北京：中国党史出版社，
1991.

[4] 薄一波. 若干重大决策与事件的回顾：下卷 [M]. 北京：中国党史出版社，
1993.

[5] 邓小平. 邓小平文选第一卷 [M]. 北京：人民出版社，1994.

[6] 梅丽红. 建国后刘少奇对国有工业企业领导制度建设的初步探索 [J]. 当代
中国史研究，1998（5）：35-41.

[7] 李烈满. 建国以来国企领导体制沿革与党的建设的回顾与思考 [J]. 党史研
究与教学，1998（5）：39-45.

[8] 邓小平. 邓小平文选第三卷 [M]. 北京：人民出版社，2001.

[9] 苏文杰. 国外质量管理实践和理论的发展研究 [J]. 北华航天工业学院学
报，2006（6）：25-29.

[10] 王晓梅. "两参一改三结合"：我国社会主义企业管理制度探索的初步成果
[J]. 理论学刊，2007（9）：35-37.

[11] 陈丽凤. 中国共产党领导体制的历史考察（1921—2006）[M]. 上海：上
海人民出版社，2007.

[12] 张文魁，袁东明. 中国经济改革 30 年：国有企业卷 [M]. 北京：冶金工
业出版社，2008.

[13] 熊伟，张群祥，奉小斌. 国外质量管理实践与绩效研究述评 [J]. 华东经

济管理，2010（6）：126-129.

[14] 刘华．提升全面质量管理在企业中的应用水平［J］．价值工程，2013
（17）：132-133.

[15] 易晓岑．浅谈全面质量管理在企业中的运用［J］．广东科技，2015（14）：
38-40.

[16] 刘晓波．企业如何加强全面质量管理［J］．企业研究，2016（9）：58-59.

[17] 习近平．习近平谈治国理政（第二卷）［M］．北京：外文出版社，2017.

[18] 龚睿．政党权力视阈下的国企党建生成逻辑与路径转型［J］．理论与改革，
2017（6）：148-157.

[29] 孙泽学．认同·争议·命运——共和国初期国营企业实施"一长制"论述
［J］．史学月刊，2017（10）：73-80.

[20] 张喜亮，李强，康海轩．中国国有企业治理的形成与发展（上）［J］．产
权导刊，2017（11）：51-54.

[21] 张喜亮，李强，康海轩．中国国有企业治理的形成与发展（中）［J］．产
权导刊，2017（12）：44-49.

[22] 张喜亮，李强，康海轩．中国国有企业治理的形成与发展（下）［J］．产
权导刊，2018（1）：33-36.

[23] 谢忠平．破解国有企业党建"四化"难题的思考［J］．中共南京市委党校
学报，2018（1）：39-44.

[24] 王凡．国企党建"四化"问题及其解决路径初探［J］．现代国企研究，
2018（4）：255-256.

[25] 岳清唐．中国国有企业改革发展史（1978—2018）［M］．北京：社会科学
文献出版社，2018.

[26] 剧宁，李斌，剧锦文．国有企业中党组织的功能演变［J］．廉政学研究，
2019（1）：95-112.

[27] 李天明．习近平关于国有企业治理重要论述的基本特征［J］．哈尔滨市委
党校学报，2019（2）：10-14.

[28] 余菁．新中国70年企业制度的演变历程与发展取向［J］．经济体制改革，
2019（6）：5-11.

［29］陈敏元，李亚杰．国企党建工作"四化"方面的表现及解决策略研究
　　　［J］．党史博采（下），2019（11）：20-21.

［30］强舸．新时代国有企业党建理论与实践创新［M］．广州：广东人民出版
　　　社，2019.

［31］康红军．国企党建与生产经营"两张皮"问题及其理论解释［J］．岭南学
　　　刊，2020（6）：65-71.

［32］龚睿．中国国有企业党的领导制度变迁研究：基于"嵌入式治理"结构视
　　　角［M］．济南：山东大学出版社，2021.

［33］张洪松，朱家明．国有企业党的领导制度百年探索：发展历程与基本经验
　　　［J］．四川大学学报（哲学社会科学版），2021（2）：14-23.

［34］王久高．习近平总书记关于国有企业党的建设重要论述的深刻内涵和鲜明
　　　特点［J］．现代国企研究，2021（1）：94-97.

［35］房俊成．新时代国有企业党的建设研究［J］．吉林大学学报，2022（1）：
　　　31.

［36］曾奇奇．国企基层党建思政工作创新推进策略［J］．活力，2022（8）：20.

［37］刘婷．新时期加强企业党建思政工作的创新对策［J］．现代企业文化，
　　　2022（12）：17.